FACULTÉ DE DROIT DE PARIS.

DE L'ADPROMISSIO

EN DROIT ROMAIN.

DU CAUTIONNEMENT

EN DROIT CIVIL FRANÇAIS.

THÈSE POUR LE DOCTORAT

PAR

Edmond FAUCONNET,

Avocat.

PARIS
IMPRIMERIE DE A. PARENT,
IMPRIMEUR DE LA FACULTÉ DE MÉDECINE,
31, rue Monsieur-le-Prince, 31.

1873

FACULTÉ DE DROIT DE PARIS.

DE L'ADPROMISSIO
EN DROIT ROMAIN.

DU CAUTIONNEMENT
EN DROIT CIVIL FRANÇAIS.

THÈSE POUR LE DOCTORAT

PRÉSENTÉE ET SOUTENUE

Le 20 Février 1873, à 1 heure et demie

PAR

Edmond FAUCONNET,

Avocat.

Président :	M. COLMET DE SANTERRE,	Professeur
Suffragants :	MM. VUATRIN, RATAUD, BEUDANT,	Professeurs
	BOISSONADE,	Agrégé.

Le Candidat répondra aux questions qui lui seront faites sur les autres matières de l'enseignement.

PARIS

IMPRIMERIE DE A. PARENT,

IMPRIMEUR DE LA FACULTÉ DE MÉDECINE,

31, rue Monsieur-le-Prince, 31.

1873

MEIS ET AMICIS

DROIT ROMAIN

DE L'ADPROMISSIO

Intercedere c'est intervenir, soit en s'obligeant, soit en obligeant sa chose dans une affaire où l'on n'a aucun intérêt personnel.

Parmi les différents modes d'*intercessio* nous nous occuperons spécialement de l'*adpromissio*, engagement accessoire d'un tiers qui en accédant *verbis* à une obligation principale vient la fortifier et en garantir les effets.

Ainsi, quand un créancier voulait obtenir plus de garantie, il exigeait qu'à l'engagement du débiteur principal se joignît celui d'un ou de plusieurs débiteurs.

Ces débiteurs accessoires étaient appelés *adpromissores* et se divisaient, au temps de Gaïus, en *sponsores*, *fidepromissores*, *fidejussores*.

Comment se caractérisaient ces trois formes d'*adpro-*

missio? Par les termes mêmes de la stipulation qui leur donnait naissance.

Le stipulant avait-il dit : « *Idem dari spondes?* » Il y avait *sponsio*. Avait-il au contraire employé ces mots : « *Idem dari promittis?* » ou « *Idem fide tua jubes?* » le contrat accessoire était une *fidepromissio* ou une *fidejussio*.

Mais quelle serait la nature de l'engagement si l'interrogation avait été faite en ces termes : « *Idem dabis? Idem promittis? Idem facies?* » Gaïus pose la question sans la résoudre. Peut-être s'en expliquait-il dans un passage de ses Commentaires qui ne nous est pas parvenu et on en est réduit à des conjectures sur le sens de cette question. Certains interprètes pencheraient à croire que Gaïus se demandait si, dans ce cas, il y avait *adpromissio* ou novation.

Les trois premières formes étaient presque seules en usage et ne furent introduites que successivement dans la pratique romaine, marquant chacune un progrès de l'*adpromissio*.

La *sponsio* accessible aux seuls citoyens romains était la plus ancienne, la *fidepromissio* fut inventée plus tard probablement afin de permettre aux pérégrins de cautionner une obligation verbale ; enfin la *fidejussio* eut une application plus générale encore.

Le *sponsor* et le *fidepromissor* sont dans une condition à peu près semblable, mais celle du *fidejussor* en diffère beaucoup.

Nous nous occuperons de ces trois espèces d'*adpromissores*, en suivant l'ordre historique.

Avant d'aborder l'étude des règles spéciales à chacune d'elles nous devons exposer celles qui leur sont communes.

RÈGLE COMMUNE AUX TROIS CLASSES D'ADPROMISSORES

La première règle commune aux *sponsores*, aux *fidepromissores* et aux *fidejussores* est posée dans la loi Cornelia dont Gaïus nous donne le résumé.

Il était défendu de s'obliger pour le même débiteur, envers le même créancier, dans la même année, pour plus de 20,000 sesterces. Si un *adpromissor* s'était engagé pour une somme plus forte, 100,000 sesterces, par exemple, il n'était pas tenu, suivant les uns ; son obligation au contraire était réduite à 20,000 sesterces selon les autres. C'est un point incertain, parce que, à cet endroit, le manuscrit de Gaïus présente une lacune. Nous l'examinerons plus tard.

Quel est le motif de cette loi ? Est-ce pour protéger l'*adpromissor*. Il faudrait avouer que le but ne serait guère atteint puisqu'il pourrait s'obliger pour un autre et envers un autre dans la même année. Ne serait-ce pas plutôt un *beneficium* pour le débiteur principal, qui ne trouvant pas de répondants limiterait nécessairement sa dette ?

Le paragraphe 125 de Gaïus nous fait ensuite connaître des exceptions qu'il est inutile d'énumérer ici.

La seconde règle commune c'est que l'*adpromissor* doit promettre la chose qui fait l'objet de l'obligation principale. Cette identité d'objet résulte des termes mêmes employés dans l'interrogation : « *Idem dari spondes? Idem fide promittis? Idem fide jubes?* »

Relativement à l'identité d'objet signalons la loi 38, pr.

Un créancier a stipulé Stichus ou Pamphile au choix du débiteur principal. Pourra-t-il stipuler du fidéjusseur

Stichus ou Pamphile au choix de l'adpromisseur ? Non, dit Marcellus, parce qu'il dépendrait du fidéjusseur de choisir *alium* que ne le voudrait le débiteur principal.

Il suffirait toutefois que l'identité fût partielle.

Ainsi je me suis engagé à vous transférer la propriété du fonds Cornélien. Le fidéjusseur qui garantit au créancier l'usufruit de ce fonds est-il obligé ? Sans aucun doute puisqu'il a promis une chose qui était comprise dans l'obligation principale. (L. 70, § 2).

Puisque l'*adpromissio* est une dette accessoire, elle ne peut évidemment, sans perdre son caractère distinctif, excéder la dette principale : « *non plus in accessione esse potest quam in principali.* »

Que signifie au juste qu'on ne peut intervenir *in duriorem causam ?* Cela veut dire que l'*adpromissor* ne peut promettre une quantité numériquement plus considérable ni s'engager sous des modalités plus dures.

Mais on ne doit pas considérer l'obligation comme plus considérable par cela seul que le créancier a une action contre l'*adpromissor*, sans en avoir contre le débiteur principal.

Lorsque mon engagement ne constitue qu'une obligation naturelle, par exemple, vous pourriez très-bien vous porter fidéjusseur. Bien plus le *sponsor* et le *fidepromissor* pourraient être valablement tenus, quoique l'obligation principale fût nulle.

Dans quelles hypothèses l'*adpromissor* intervient-il *in duriorem causam ?*

Quand il promettait purement et simplement ce que le débiteur devait à terme : « *non solum autem in quantitate sed etiam in tempore... plus intelligitur.* (G. § 113).

Celui qui a promis de donner dans un lieu déterminé

est plus rigoureusement tenu que celui qui a promis purement et simplement. En conséquence l'*adpromissor* ne sera pas obligé de payer dans un lieu déterminé tandis que le débiteur principal s'est obligé *sine adjectione loci*, ou même a promis dans un lieu également déterminé, mais où l'exécution est moins onéreuse.

Un débiteur qui promet à Rome de payer à Capoue donne un fidéjusseur qui promet de payer à Ephèse. Celui-ci ne sera pas obligé, car il est plus onéreux quand on est à Rome de faire opérer à Ephèse qu'à Capoue. (L. 16, § 2).

Le débiteur a promis Stichus et le fidéjusseur, Stichus ou X. Le fidéjusseur, dit Julien, n'est pas obligé parce que sa condition est pire que celle du débiteur principal La mort de Stichus le libérerait, tandis que l'*adpromissor* resterait tenu pour X.

Marcellus, tout en admettant la même solution, en donne un autre motif : C'est parce que le fidéjusseur avait promis *aliud*. Si l'*adpromissor* payait en effet X, il exécuterait une obligation qui n'a aucun rapport avec l'obligation principale.

Marcellus appuyait sa démonstration sur un raisonnement par analogie. Supposez, dit-il, que le *reus* promette X et l'*adpromissor* X ou Stichus. Le débiteur accessoire n'est pas dans une situation plus mauvaise que le débiteur principal (il a même un choix qui est refusé au *reus*) et cependant l'*adpromissio* est nulle, parce qu'il n'y a pas identité parfaite entre l'obligation de l'*adpromissor*, qui pourrait s'acquitter en donnant Stichus ou X, et celle du débiteur principal, qui ne peut se libérer qu'en payant X. (L. 8, § 8.)

J'ai stipulé de vous que vous ne donneriez X ou un

esclave, à votre choix; si j'ai stipulé de votre *adpromissor* X ou un esclave, à mon choix, il ne sera pas engagé, *quia durior ejus conditio facta est*. (L. 8, § 9.)

Le *reus* a promis de me donner Stichus ou Pamphile et l'*adpromissor* de me donner seulement Stichus. Est-ce valable? Il semble que l'obligation de l'*adpromissor* soit plus dure, puisque je lui enlève un choix qui est réservé au débiteur principal. Telle n'est pas cependant l'opinion de Paul, qui, se plaçant au point de vue de la libération éventuelle du débiteur principal et de l'*adpromissor*, dit: La position de ce dernier est la meilleure, puisque la mort de Stichus le libérerait, tandis que le *reus* continuerait à être tenu (L. 34). Du reste, cette chance de libération ne peut exister qu'autant que l'objet sur lequel porte à la fois l'obligation accessoire et l'obligation principale est un corps certain, par application de la règle: *Debitor corporis certi interitu ejus liberatur.*

Remarquons que Paul est en contradiction avec Marcellus puisque, dans cette hypothèse, il y a *aliud*.

J'ai stipulé que vous paieriez les 100 que vous me devez à moi ou à Titius, qui jouera le rôle d'*adjectus solutionis gratia*, mais l'*adpromissor* doit payer *mihi tantum*. La convention est nulle car le débiteur accessoire serait privé d'une faculté accordée au débiteur principal. Elle serait, au contraire, très-valable dans l'hypothèse inverse (L. 34). Supposons maintenant une condition.

Le principal obligé a-t-il promis purement et simplement, l'*adpromissor* peut s'engager sous condition.

Que faut-il décider quand les deux engagements sont conditionnels?

S'ils sont subordonnés tous deux à la même condition, l'opération est entièrement valable, car l'*adpromissor* est exactement dans la même position que le débiteur principal.

Quid, si le *reus* a promis sous une condition et l'*adpromissor* sous deux conditions, dont l'une lui est commune avec le débiteur principal ? Comme l'*adpromissor* a pour lui deux chances de ne pas être obligé, tandis que le débiteur principal n'en a qu'une, il est dans une situation meilleure et son obligation est valable (L. 70, pr.). Lorsque les deux conditions apposées à l'*adpromissio* sont réunies par la disjonctive ou, il faudra attendre pour savoir si l'obligation accessoire est valable. Elle le sera si la condition commune arrive la première. Si c'est, au contraire, la condition apposée à l'*adpromissio*, celle-ci sera nulle, puisque le débiteur accessoire se trouverait obligé purement et le débiteur principal ne le serait que sous condition.

Il faut donner la même décision lorsque le fidéjusseur et l'obligé principal ont été interrogés *sub diversis conditionibus*. Pour savoir si l'obligation du *fidejussor* est valable on attendra, pour voir si la condition à laquelle elle est subordonnée arrivera ou non la première.

Qu'arriverait-il si l'*adpromissor* avait voulu s'obliger *in duriorem causam?* Son engagement serait-il radicalement nul ou bien se contenterait-on de le réduire dans la mesure de l'obligation principale? La question est discutée entre les interprètes du droit romain. Si le manuscrit de Gaïus n'avait pas de lacune, nul doute ne pourrait s'élever. En effet au § 124 de son Commentaire III, Gaïus examine une question analogue qui doit évidemment comporter la même solution.

Le bénéfice de la loi Cornélia, dit-il, est commun à tous. Cette loi défend de s'obliger dans la même année, pour le même débiteur, envers le même créancier pour plus de 20,000 sesterces d'argent prêté; et si un *adpromissor* s'est obligé pour une plus forte somme... « *non tamen tenebitur* » écrit M. Pellat, pour terminer la phrase restée inachevée.

MM. Hurschke et Bœcking, adoptant la solution opposée, complètent ainsi le texte : *tamen duntaxat viginti damnabitur.* »

La question reste donc entière et il faut chercher ailleurs les éléments d'une solution. Nous la trouvons dans un texte d'Ulpien. (Loi 8, § 7).

Aux termes de cette loi, le fidéjusseur peut s'obliger pour moins que le débiteur principal, et, s'il s'est obligé *in duriorem causam*, Ulpien nous dit : « *placuit eos omnino non obligari.* »

Le texte est formel. La fidéjussion est nulle pour le tout et n'est pas réductible à la mesure de l'obligation principale. Cette sanction exagérée est conforme à l'esprit romain.

Ainsi nous voyons quelque chose d'analogue lorsque le demandeur fait une plus-pétition : il n'obtient même pas ce qui lui est dû ; ou bien encore lorsque, dans la formule délivrée par le magistrat, on n'a pas exactement reproduit les termes de la stipulation.

Les uns ont proposé de supprimer le mot *omnino.* Les autres ont prétendu que cette phrase voulait dire seulement que le fidéjusseur n'était pas obligé pour tout ce qui excédait l'obligation principale. Enfin on a ajouté que c'était aller contre cette maxime de droit : *Utile per inutile non vitiatur.*

Ces objections ne sont pas sérieuses, car c'est précisément la question à résoudre.

On a objecté que, dans la législation de Justinien, lorsqu'une donation excédant 500 solides n'était pas insinuée, la donation n'était pas nulle mais seulement réductible. On ne doit pas argumenter, répondons-nous, du droit de Justinien pour interpréter le droit plus rigoureux de l'époque classique.

Enfin on a élevé contre notre système deux objections beaucoup plus sérieuses que nous allons examiner. On a dit : Ulpien se serait contredit lui-même, car au commencement de la loi 8, § 7, il ne s'occupe pas seulement des *adpromissores*, mais il parle des « *universi qui pro aliis obligantur.* » Ces termes sont généraux et embrassent toute sorte *d'intercessio.* Or, parmi les différents modes d'*intercessio*, figure le constitut. Et si nous supposons que le constituant s'est engagé pour une somme plus forte que le débiteur originaire, que décide Ulpien ? Que le constituant est obligé dans la limite de la dette primitive : « *Si quis, centum aureos debens, ducenta constituat, in centum tantummodo tenetur, quia ea pecunia debita est...* » (L. 11 § 1, *De pec. const.*)

A cela nous répondons qu'on ne peut pas s'appuyer sur le pacte de constitut, créé par le préteur et fondé sur l'équité, pour trancher les difficultés qui s'élèvent sur l'*adpromissio*, contrat de droit strict. Ainsi le constitut peut être fait sans qu'il y ait identité d'objet et survit à la *litis contestatio* : il en est tout différemment avec l'*adpromissio.*

La deuxième objection se tire de la loi 33, l. XVII, t. I.

Un tiers, sur la demande d'un débiteur, s'est porté fidéjusseur. S'il s'est obligé pour une somme moindre, l'obligation est valable. Mais si c'est pour une somme supérieure à celle qu'on l'avait prié de garantir, il n'aura de recours par l'action de mandat que jusqu'à concurrence de la somme qu'il était chargé de cautionner. Pour le surplus, il n'aura que l'action de gestion d'affaires.

Or, a-t-on dit, s'il a l'action de mandat, c'est qu'il a été forcé de payer, c'est donc que le fidéjusseur était valable jusqu'à concurrence de cette somme.

Voici comment nous réfutons cette objection :

Le mandat de se porter fidéjusseur comprend deux choses : d'abord le mandat de s'obliger et ensuite le mandat de payer. L'obligation du fidéjusseur est-elle valable? C'est ce que nous ne savons pas, car le texte ne s'explique pas sur ce point. Mais on peut dire que le fidéjusseur, en payant même en vertu d'une obligation nulle, a exécuté le deuxième objet du mandat et que cela suffit pour lui donner l'*actio mandati*, jusqu'à concurrence de la somme qu'il était chargé de garantir.

Ce qui confirmerait cette explication, c'est que le texte nous apprend que, sur ce point, il y a eu des hésitations; on aurait pu dire, en effet, que le fidéjusseur n'avait pas l'action de mandat, puisqu'il avait payé en vertu d'une obligation nulle.

Il nous reste à signaler une règle qui, suivant nous, est commune à tous les *adpromissores*. C'est celle que Justinien applique en ces termes au fidéjusseur : *Fidejussor et præcedere obligationem et sequi potest.* Un grand nombre d'interprètes de droit romain pensent que cette règle ne regarde que les fidéjusseurs, et que l'obligation des *sponsores* et des *fidepromissores* doit naître au moment même où le débiteur principal s'oblige envers le créancier.

A l'appui de cette opinion, on invoque l'argument *a contrario* que l'on peut tirer du texte que nous venons de citer. C'est une simple affirmation qui n'a aucune valeur.

Il faudrait, du reste, aller jusqu'au bout et soutenir que quand Justinien dit : *fidejussor obligationem sequi potest*, il formule une règle opposée à celle qui régissait les *sponsores* et les *fidepromissores*, ce qui est erroné.

Comment concevoir, en effet, que Gaïus se soit donné la peine d'examiner avec tant de précision et de netteté les différences qui existaient entre les *sponsores* et les *fidepromissores*, d'une part, et les *fidejussores*, de l'autre, et que cet esprit si exact et si minutieux ait laissé échapper par inadvertance une particularité aussi caractéristique.

Mais nous pouvons démontrer directement que le *sponsor* ou le *fidepromissor obligationem sequi potest*. Nous lisons en effet au paragraphe 123 des Commentaires de Gaïus que le créancier doit déclarer, ouvertement et d'avance, pour quelle affaire il se fait donner caution, et combien de *sponsores* ou de *fidepromissores* il doit recevoir pour cette obligation.

Le jurisconsulte paraît bien supposer un individu qui est déjà créancier et qui n'a pas encore reçu l'engagement des *adpromissores*. Un intervalle sépare donc la stipulation principale des stipulations accessoires.

Si l'on veut cependant que le paragraphe 3, qui semble poser uniquement un principe général, appelle une antithèse, nous dirons que Justinien, par ces mots : *fidejussor præcedere potest obligationem*, » fait sans doute allusion au pacte de constitut qui, supposant nécessairement une obligation préexistante, ne peut évidemment « præcedere obligationem ». Par les mots : « *fidejussor obligationem sequi potest*, » il rapprocherait implicitement la *fidejussio* du *mandatum pecuniæ credendæ*, qui doit toujours précéder l'obligation principale.

Terminons l'exposé de ces règles communes à tous les *adpromissores* par une remarque générale. L'*adpromissio*, étant une espèce d'*intercessio*, il faut lui appliquer les incapacités que comporte cette dernière.

Ainsi les esclaves ne peuvent pas obliger le maître *de peculio* par une *intercessio*, à moins que le pécule n'y soit intéressé (L. 19).

L'*adpromissio* faite par une femme tombe sous le coup du sénatus-consulte Velléien, à moins que la femme n'ait intérêt à cette *intercessio*. (L. 48, *de fidej.* — L. 18, *ad Senat. Vell.*)

DES SPONSORES ET DES FIDEPROMISSORES.

Gaïus, dans le paragraphe 118 du troisième commentaire, dit que la condition du *sponsor* et celle du *fidepromissor* sont semblables. Ce n'est pas tout à fait exact, puisque nous trouvons soit dans le troisième, soit dans le quatrième commentaire, quatre différences entre ces deux classes d'*adpromissores*.

Premièrement. La formule « *dari spondes? spondeo* » était exclusivement réservée aux citoyens romains. Les pérégrins pouvaient être *fidepromissores*.

Deuxièmement. Le *sponsor* pouvait, après avoir payé la dette, recourir contre le débiteur par une action particulière *quæ ex lege Publilia appellatur depensi*, et qui entraînait une condamnation au double contre celui qui contestait, mal à propos, la prétention du demandeur.

Le *fidepromissor* n'avait pas cette action.

Troisièmement. D'après cette même loi Publilia, le

sponsor qui n'était pas remboursé dans les six mois, à partir du jour où il avait payé le créancier, pouvait spontanément procéder à la *manus injectio pro judicato* contre le débiteur.

Quatrièmement. Une loi Furia permit aussi la *manus injectio pro judicato* contre le créancier qui a demandé à un *sponsor* plus que sa part virile.

C'était la sanction de la loi qui prescrivait la division de plein droit entre les *sponsores* et les *fidepromissores*, et il est bien difficile d'expliquer pourquoi la sanction est spéciale aux *sponsores*, tandis que toutes les autres dispositions sont communes aux *sponsores* et aux *fidepromissores*.

C'était probablement pour permettre aux étrangers de se porter *adpromissores* et pour échapper aux rigueurs de la loi Publilia, sans toutefois l'abroger expressément, que les Romains imaginèrent la *fidepromissio*.

Cette forme nouvelle d'*adpromissio*, malgré le progrès considérable qu'elle réalisait, était cependant loin d'être parfaite et présentait de grands inconvénients énumérés par Gaïus.

Premièrement. Les *sponsores* et les *fidepromissores* ne pouvaient garantir que des obligations principales nées *verbis*.

Deuxièmement. Il suffisait que les formalités extérieures du contrat *verbis* principal eussent été accomplies, pour que la *sponsio* ou la *fidepromissio* pût s'y rattacher. La dette retombait alors sur le débiteur accessoire, qui ne pouvait se prévaloir de la nullité du contrat principal,

Il avait, par exemple, garanti un engagement *post mortem rei promittendi*.

Troisièmement. L'obligation d'un *sponsor* ou d'un *fide-*

promissor était personnelle et viagère, à moins, dit Gaïus, qu'il ne s'agit d'un *fidepromissor* pérégrin, dans le pays duquel on suit, sur ce point, un droit autre que le nôtre.

Quatrièmement. La loi Furia libérait *ipso jure* les *sponsores* et les *fidepromissores* au bout de deux ans, *biennio liberabantur*.

Quel était le point de départ de ce délai? Les textes ne le disent pas, mais il est probable que c'était le jour de l'exigibilité de la dette. Autrement ne serait-ce pas rendre le cautionnement illusoire, lorsque le créancier a accordé au débiteur principal un terme plus éloigné? Le délai ne pouvait commencer à courir que lorsqu'il y avait une action ouverte contre les coobligés. Jusque-là le créancier ne pouvait pas agir sous peine de plus-pétition. Il ignorait d'ailleurs, jusqu'à l'échéance, pour combien il aurait à poursuivre les *sponsores* ou les *fidepromissores*, puisque leur obligation se divisait en autant de parts qu'il y avait de débiteurs accessoires existant encore au moment de l'échéance.

Enfin notons que la loi Furia n'était applicable qu'à l'Italie, et qu'elle divisait *ipso jure* l'obligation des *sponsores* ou des *fidepromissores* entre tous ceux qui existaient encore au moment où la dette était exigible, sans s'inquiéter le moins du monde de leur solvabilité.

C'était favoriser d'une manière excessive ces deux sortes d'*adpromissores*.

Sans doute il est bon d'adoucir la position de l'homme qui intervient dans une affaire, sans y avoir un intérêt personnel; mais il ne faut pas aller jusqu'à lui sacrifier les droits du créancier et faire retomber sur ce dernier le risque des insolvabilités, risque qui augmente du reste avec le nombre des *sponsores* et des *fidepromissores*.

DES FIDÉJUSSEURS.

La sûreté donnée par les *sponsores* et les *fidepromissores* était restreinte dans des limites très-étroites. Malgré le progrès réalisé par la *fidepromissio*, nous venons de voir les grands inconvénients qu'elle présentait encore. Mais les Romains, comme certain peuple moderne dont l'esprit pratique s'allie à une grande sagesse, ne procédaient jamais par soubresaut, et préféraient les réformes progressives. Ils laissèrent donc subsister l'antique *sponsio*, avec son formalisme étroit et vieilli, et ils se gardèrent bien d'abroger la loi Furia, caratérisée par la libération *biennio* et la division *ipso jure* entre les *sponsores*, à l'échéance de la dette, sans avoir égard à la solvabilité. Le *sponsor* et le *fidepromissor* ne pourront toujours qu'accéder à une obligation *verbis*, leur obligation est viagère et ne passera pas aux héritiers. Qu'importe! ce sont des gens pratiques, et ils inventeront une autre forme d'*adpromissio* appelée *fidejussio*, comme ils avaient imaginé la *fidepromissio* pour échapper à l'étreinte de la *sponsio*.

On ne peut nier que la *fidejussio* n'ait été postérieure aux deux autres formes d'*adpromissio*. La loi Furia, en effet, votée en 639, ne parle que des *sponsores* et des *fidepromissores*, tandis que la loi Cornelia, relative aux *adpromissores* et qui date de 673, mentionne les fidéjusseurs.

Il y a, du reste, une raison bien décisive en faveur de notre opinion et qui est topique pour tout esprit qui étudie scientifiquement la succession des différentes adpromissions. C'est la considération des avantages qu'offre, chez un peuple positif, la fidéjussion sur la législation antérieure.

Mettons en relief ces avantages pratiques.

Premièrement. La fidéjussion peut se rattacher à une obligation principale constituée d'une manière quelconque. Que l'obligation découle d'un contrat *re*, *verbis*, *litteris* ou *consensu*, qu'elle soit née *ex contractu* ou *quasi ex contractu*, *ex delicto* ou *quasi ex delicto*, qu'elle soit civile ou naturelle, peu importe.

Faisons ici deux observations.

La fidéjussion doit grever une autre personne que le débiteur principal.

Ainsi un esclave, qui emprunte de l'argent, s'oblige naturellement et oblige son maître *de peculio*, d'après le droit prétorien. Cet esclave, après son affranchissement, s'oblige comme fidéjusseur. S'il a voulu garantir l'obligation *de peculio intra annum* dont le maître est tenu, la fidéjussion sera valable; elle sera nulle, au contraire, si elle a trait à l'obligation naturelle dans laquelle l'esclave joue déjà le rôle de *reus:* on ne peut se porter fidéjusseur pour soi-même (L. 21, § 2.)

La fidéjussion doit être contractée envers la personne à qui appartient déjà la créance principale.

Si un esclave commun à Titius et à Sempronius, par exemple, avait stipulé nominativement pour Titius et interrogé un fidejusseur. « Promettez-vous de donner la même chose à Titius ou à Sempronius? » Titius pourrait seul actionner le fidéjusseur. On considérera cependant Sempronius comme un *adjectus solutionis gratia*.

Appliquons maintenant le principe que le fidéjusseur peut accéder à toute obligation, de quelque manière qu'elle ait été formée.

Un esclave qui s'oblige envers un tiers n'est obligé que naturellement, et cependant cela suffit pour qu'un fidéjusseur puisse s'y rattacher.

Si un maître s'est engagé envers son esclave, il est tenu d'une obligation et il ne pourra donner un fidéjusseur. En effet, l'esclave qui stipule acquiert la créance au *dominus*. Si donc ce dernier lui donnait un fidéjusseur, l'esclave ne pourrait retenir pour lui-même la créance née de la *fidejussio*. Elle irait au maître, qui serait alors débiteur principal et créancier du débiteur accessoire. (L. 56, § 1).

La fidéjussion, étant un contrat accessoire, il en résulte qu'elle sera nulle si l'obligation principale a été nulle *ab initio*, de telle sorte qu'il ne se soit pas même formé une obligation naturelle.

Si donc j'ai promis *sub impossibili conditione*, le fidéjusseur que j'aurai donné ne sera pas plus tenu que moi (L. 29).

De même, quand une loi prohibe certains contrats, la vente d'un lieu sacré, l'obligation principale n'étant pas valable, la fidéjussion est frappée de nullité (L. 46).

Une personne a stipulé d'un *furiosus*, un fidéjusseur ne peut être valablement engagé, car aucune opération de droit ne peut être conclue avec un insensé. C'est Ulpien qui donne cette décision dans la loi 6, *de verb. oblig.* Et cependant le même jurisconsulte dit dans la loi 25, *de fidej.*, que le fidéjusseur d'un *furiosus*, quoique tenu, ne pourra pas obtenir la *restitutio in integrum*.

Il y a donc contradiction apparente entre ces deux textes du même auteur.

Cujas et Pothier pensent que la loi 26 vise l'hypothèse où l'incapable est valablement obligé, par exemple, lorsqu'un tiers a géré son affaire ou bien si le *furiosus* étant dans l'indivision avec un tiers, ce tiers a fait des dépenses pour la chose commune. Le fidéjusseur ne pourra demander la *restitutio in integrum*, mais il aura l'*actio negotiorum gestorum*.

A l'appui de cette interprétation, on invoque un texte de Gaïus ainsi conçu. Si vous avez stipulé d'un fou, il est certain que vous n'avez pu recevoir de lui un fidéjusseur, parce que la stipulation est nulle et qu'entre vous et lui aucun acte juridique n'est censé être intervenu. Mais si je me suis fait donner un répondant pour un fou valablement obligé envers moi, ce fidéjusseur est tenu. (L. 70, § 4.)

Ce texte exprime deux idées bien distinctes, à l'aide desquelles on peut concilier la loi 6, *de verb. oblig.*, et la loi 25, *de fidej*. La première explique la solution donnée par la loi 6, *de verb. oblig.*, et la seconde justifie celle de la loi 25, *de fidej*.

Nous croyons qu'il n'est pas nécessaire, pour concilier les deux lois, de voir une interpolation de la part des commissaires de l'empereur Justinien dans le texte de Marcellus, et de supposer que le mot *sponsor* ou *fidepromissor* a été remplacé par celui de *fidejussor*.

On ne peut recevoir un fidéjusseur pour garantir les obligations nées d'un *furtum*, en ce sens que le complice ne peut se faire donner caution pour obtenir sa part dans le bénéfice que procurera le délit, et que l'auteur du vol qui a encouru une peine ne peut demander à celui qui l'a conseillé un fidéjusseur pour le garantir en cas de condamnation. La loi ne reconnaît pas en effet des sociétés formées pour commettre des délits. (L. 70, § 5.)

Quelqu'un a prêté à un *filiusfamilias*, malgré la défense du sénatus-consulte Macédonien. Celui-ci peut assurément donner un fidéjusseur puisqu'il est obligé naturellement; mais s'il meurt, son obligation s'éteignant avec lui, la fidéjussion est impossible, car son père ne peut être actionné ni en droit civil ni en droit prétorien (L. 11).

Enfin la fidéjussion ne serait pas nulle si l'obligation principale qui ne s'était pas formée *ab initio*, naissait après coup.

Si vous avez donné en *mutuum nummos alienos*, sans faire intervenir de stipulation, le fidéjusseur que vous aurez procuré à l'emprunteur ne sera pas tenu, puisque le *mutuum* ne pouvait pas se former. Mais si cet argent a été consommé, l'*accipiens* sera tenu envers vous d'une *condictio* puisqu'en définitive, par cette consommation, il est dans la même situation que si vous lui eussiez livré les écus qui vous appartenaient. Aussi, à partir de ce moment, le fidéjusseur sera obligé, car la caution est censée avoir voulu garantir toutes les obligations qui pourraient naître à votre profit de la numération des espèces (L. 56, § 2.)

Supposons qu'une obligation principale ait cessé d'exister, la fidéjussion qui a été donnée postérieurement est nulle. Un débiteur principal a, par exemple, été déporté. (L. 47.).

Deuxièmement. Le fidéjusseur oblige non-seulement sa personne, mais aussi ses héritiers. Ce ne sera donc plus une sûreté viagère, comme l'obligation du *sponsor* ou du *fidepromissor* qui s'éteint avec lui.

Troisièmement. La fidéjussion n'est pas limitée à un certain temps. Elle dure, à partir de l'exigibilité, aussi longtemps que durent les obligations, en général, qui sont perpétuelles. D'après le droit civil, le *vinculum juris* qui a formé une obligation ne pourrait disparaître *tempore*, il n'y avait pas de prescription extinctive des créances; seulement, après le terme fixé, les effets d'une poursuite étaient conjurés par les remèdes prétoriens.

Quatrièmement. Lorsque le préteur avait reçu, pour la sûreté d'une dette, l'engagement de plusieurs fidéjusseurs, chacun d'eux était tenu pour le tout, et le créancier pouvait poursuivre *in solidum* celui des fidéjusseurs qu'il lui plaisait de choisir. Si le créancier exige plusieurs obligés accessoires, c'est, en effet, pour avoir une sûreté plus grande et non pas afin de courir plus de risques.

Mais, plus tard, on a compris que l'on pouvait diminuer un peu les charges de la dette à l'égard des cofidéjusseurs sans porter atteinte à la sûreté du créancier et on leur a accordé ce que l'on appelle le bénéfice d'Adrien, que nous étudierons en détail.

DES DROITS DES CRÉANCIERS ET PAR SUITE DES EXCEPTIONS ET MOYENS DE DÉFENSE QUI COMPÈTENT AU FIDÉJUSSEUR.

Le fidéjusseur sera-t-il tenu toujours de la totalité de la dette? C'est une question de fait qui sera tranchée par la lecture de l'acte constatant l'engagement du fidéjusseur ou par l'attestation des témoins qui reproduiront la formule verbale de son engagement. Mais toutes les fois que le fidéjusseur devra être donné en vertu de la loi ou de l'édit, il sera obligé in *omnem causam*, par exemple, les fidéjusseurs donnés au légataire par l'héritier ou ceux qui sont fournis par un tuteur.

L'obligation du fidéjusseur est-elle susceptible de s'accroître après coup? D'abord elle ne peut pas l'être par le fait du créancier. Nous en trouvons un exemple dans la loi 73. Une personne agit en justice pour autrui. Son mandat est incertain, elle devra donner la caution *ratam rem dominum habiturum*. Le défendeur a gagné, mais le *dominus* renouvelle le procès et triomphe cette fois. Le défendeur n'ayant pas voulu restituer, il a été condamné à une forte somme. Le fidéjusseur ne sera tenu que de la valeur réelle de la chose (L. 73).

Supposons maintenant que l'obligation ait été grossie par le débiteur lui-même.

Il peut se faire qu'il y ait dans cet accroissement une obligation nouvelle, dont le fidéjusseur ne répondrait pas. Ex. : Des magistrats sont chargés d'administrer une cité, le fidéjusseur qu'ils ont donné garantira bien les négligences commises, mais non les fraudes dont ils se rendraient coupables et la *pœna* qui en serait la conséquence.

Enfin, s'il y a eu une véritable augmentation, il faut distinguer si le fidéjusseur s'est ou non obligé in *omnem causam*. Voyons sur ce point la loi 68 § 1. Le fermier du vectigal devait payer une somme déterminée à l'Etat. Pour garantir son obligation, il a donné des fidéjusseurs qui ont limité leur dette à une somme de 100 fr. et il ne paye pas. Le fisc s'empare de ses biens et actionne les fidéjusseurs.

Ceux-ci prétendent ne pas être tenus des intérêts dont le débiteur principal est tenu lui-même *ex mora*. On lit l'acte qui constate l'engagement des fidéjusseurs. L'empereur décide qu'ils ne devront pas les intérêts, puisqu'ils ne sont pas engagés *in omnem conditionem*.

Le fidéjusseur ne peut pas être poursuivi avant le débiteur principal, car il ne peut s'engager *in duriorem causam*.

Si un fidéjusseur a promis à Rome de donner à Capoue, par exemple, le débiteur principal étant à Capoue peut être poursuivi immédiatement, mais le fidéjusseur a un terme tacite.

A l'inverse, le fidéjusseur promet de donner à Capoue où il se trouve en ce moment et le débiteur principal est à Rome. Il faut décider qu'il faut encore accorder le bénéfice du terme tacite à ce fidéjusseur. (L. 8, L. XII, t. IV).

Le créancier n'est pas tenu de suivre un ordre déterminé dans la poursuite des obligés et la théorie romaine peut se résumer sur ce point dans ces trois idées :

Le créancier peut poursuivre pour la totalité le débiteur ou les fidéjusseurs à son choix. (L. 5 Code.)

S'il y a plusieurs fidéjusseurs, il peut poursuivre celui qu'il veut.

Il ne peut plus choisir lorsqu'il y a eu *litis contestatio.*

La première proposition n'est que la conséquence de ce principe que le créancier ne doit rien au fidéjusseur puisque le contrat est unilatéral.

La loi 16, § 6, nous indique un premier moyen mis à la disposition du fidéjusseur pour éviter cet inconvénient.

Le fidéjusseur promettait non pas *idem*, mais de payer si le *reus* ne payait pas. Du reste, la mort du débiteur principal était assimilée à sa mise en demeure.

On pouvait convenir aussi que le fidéjusseur ne serait poursuivi que pour la somme que le créancier ne retirerait pas des objets qui auraient été hypothéqués ou donnés en gage. Ainsi entre une créancière et un débiteur, il a été convenu que, si le débiteur ne payait pas à première réquisition, elle pourrait vendre les gages, et on a ajouté que, pour le surplus, les autres biens répondraient de la dette; puis on a donné un fidéjusseur. Scævola décide que, d'après les termes de la convention, le fidéjusseur n'est tenu que pour ce qui excède la somme produite par la vente des gages. (L. 63.)

Si le gage vient à périr avant l'arrivée du terme ou de la condition, le fidéjusseur est censé avoir promis la totalité de la dette (L. 52.)

Le fidéjusseur peut encore donner mandat au créancier de poursuivre le débiteur principal. Si celui-ci est insolvable, la *litis contestatio* aura, il est vrai, libéré le fidejusseur, mais alors le créancier aura recours contre lui par l'action *mandati contraria*.

D'après l'ancien droit, le créancier ne pouvait agir en justice qu'une seule fois pour réclamer ce qui lui était dû. Tant pis pour lui si le fidéjusseur ou le débiteur principal qu'il avait choisi était insolvable. On imagina de rompre cette identité d'objet et on fit promettre au fidéjusseur, non pas ce que devait le débiteur principal, mais ce que le créancier ne pourrait en obtenir *quanto minus a reo consequi posset creditor*. Désormais le créancier a deux débiteurs tenus chacun d'une obligation distincte. Comme le débiteur accessoire a promis de rendre le créancier indemne, on l'a qualifié de *fidejussor indemnitatis*.

Supposons un prêt sur le point de se faire. Le prêteur veut avoir un débiteur accessoire engagé d'une façon plus utile que par une fidéjussion. Le tiers, qui est dans l'intention de se porter garant de l'emprunt, donnera au prêteur mandat de prêter au futur débiteur principal : Ce tiers s'appellera *mandator pecuniæ credendæ*.

Cette innovation, qui est contraire à la nature du

mandat ne fut pas admise sans de longues controverses. Le créancier a ainsi deux créances parfaitement distinctes. L'une contre le débiteur principal résultant du prêt, l'autre contre le *mandator pecuniæ credendæ* résultant du mandat.

Enfin on peut se servir du pacte prétorien de constitut.

Voyons maintenant les moyens de défense qui appartiennent au fidéjusseur.

Ils sont de deux sortes : ceux qu'il peut invoquer du chef du débiteur principal, et ceux que le fidéjusseur peut invoquer de son chef.

Laissons de côté ceux qui supposent l'extinction de la dette et recherchons par quelles exceptions le fidéjusseur peut repousser la demande du créancier.

On sait que les exceptions se divisent en *personæ coherentes* et *rei coherentes*.

L'exception *personæ coherens* est celle que l'on accorde en considération de la personne. L'exception *rei coherens* est celle qui tient à un vice de l'obligation.

La règle générale c'est que les exceptions *personæ coherentes* n'appartiennent pas au fidéjusseur. Il en est tout autrement pour les exceptions *rei coherentes*.

Ainsi le fidéjusseur peut invoquer l'exception de dol, car, s'il ne pouvait s'en servir, il faudrait ou lui refuser, ou lui accorder un recours contre le débiteur principal. Dans le premier cas, ce serait injuste et, dans le second, l'exception ne profiterait plus au débiteur.

Quant à l'exception *quod metus causa*, Labéon décide que, si la violence a été exercée contre le *rèus*, le fidéjusseur en profite. Mais si la violence a été exercée contre le fidéjusseur, le débiteur principal ne pourra pas l'invoquer. (L. 14, § 6, L. IV t. II.)

Le fidéjusseur peut, dans tous les cas, opposer l'exception tirée du sénatus-consulte Velléien. Le sénat ayant annulé l'obligation tout entière contractée par la femme, aucune fidéjussion n'est possible et il n'y a plus à distinguer, comme le voulaient les anciens jurisconsultes, entre le cas où le fidéjusseur serait intervenu sur le mandat de la femme ou sans mandat aucun.

Le fidéjusseur pourra se défendre par l'exception du sénatus-consulte Macédonien, à moins qu'il ne se soit engagé *animo donandi*. (L. 9 § 3, L. 14, t. 6.)

Enfin, on accorde au fidéjusseur l'exception tirée de la loi Pletoria, donnée au mineur de 25 ans qui a été trompé et celle que le mineur, victime de son inexpérience, obtient après la *restitutio* in *integrum*, à moins toutefois qu'il n'ait intercédé pour garantir le créancier contre l'éventualité d'une *restitutio in integrum*.

Il faut remarquer que toutes ces exceptions appartiennent aux fidéjusseurs, même malgré le débiteur principal. (L. 32.)

La législation romaine concède avec raison au fidéjusseur les exceptions *reicoherentes*, mais on aurait dû lui accorder aussi les exceptions *personæ coherentes*, quand il a un recours contre le débiteur principal. Ainsi ce dernier, au fond ne pourra pas profiter de l'exception de compétence.

Voyons maintenant les moyens de défense qui prennent naissance dans la personne du fidéjusseur. Il y a d'abord ceux qui résultent du droit commun : bénéfice de compétence, exception *doli mali*, *etc.*, que le fidéjusseur peut invoquer de son chef; mais il y en a d'autres qui sont spéciaux à ceux qui s'obligent pour autrui, nous allons nous y arrêter longuement.

DROIT DU CRÉANCIER CONTRE LES FIDÉJUSSEURS. — BÉNÉFICES QUE PEUVENT INVOQUER CES DERNIERS.

Les divers bénéfices que nous allons étudier sont des tempéraments accordés aux débiteurs accessoires pour atténuer la rigueur des poursuites dirigées contre eux.

A toute époque, le législateur, avec plus ou moins de justice, s'est préoccupé de l'intérêt de ces débiteurs et a cherché à alléger, autant que possible, le fardeau de leurs obligations. C'est qu'en effet les *adpromissores* rendent à autrui un service gratuit, qui est souvent très-onéreux pour eux; de plus, ils augmentent le crédit, en intervenant dans une affaire qui n'est pas la leur, ce qui facilite les opérations.

Nous trouvons en droit romain plusieurs bénéfices accordés successivement aux fidéjusseurs. Ceux-ci finirent par remplacer tout à fait les *sponsores* et les *fidepromissores*, si bien que, dans les Institutes de Justinien et dans les textes du Digeste remaniés par Tribonien et ses collègues, nous ne voyons mentionnés que les fidéjusseurs.

Les bénéfices qui leur sont accordés sont au nombre de trois : 1° le bénéfice de division; 2° le bénéfice de cession d'actions; 3° le bénéfice d'ordre ou de discussion.

DU BÉNÉFICE DE DIVISION.

Lorsqu'une dette avait été garantie par plusieurs *sponsores* ou *fidepromissores*, la loi Furia, comme nous l'avons vu, la divisait de plein droit entre tous ceux qui étaient vivants à l'époque de l'échéance, et chacun d'eux ne pouvait être actionné que pour sa part virile.

Les *fidejussores*, restés en dehors de ces dispositions, étaient purement et simplement régis par les règles du droit commun en matière de stipulation. Chacun d'eux, ayant promis *idem*, pouvait être poursuivi par le créancier pour la totalité de la dette.

Tel était le droit primitif, mais il appelait une réforme, car le fidéjusseur n'est pas moins favorable que le *sponsor* ou le *fidepromissor*.

L'empereur Adrien, dans un rescrit, vint à leur secours en imaginant une combinaison bien supérieure à ce qu'avait fait la loi Furia, — combinaison si sage et si raisonnable que le législateur moderne l'a adoptée sans modification. Voici en quoi elle consiste.

Supposons que plusieurs fidéjusseurs se soient obligés pour la sûreté d'une dette principale, si le créancier poursuit l'un d'eux pour le tout, celui-ci pourra demander que l'action soit divisée entre lui et les cofidéjusseurs solvables au moment de la poursuite.

Le créancier a ainsi le moyen d'obtenir tout ce qui lui est dû; c'est tout ce qu'il peut exiger.

Le bénéfice de division est analogue mais non identique au secours que la loi Furia accordait aux *sponsores* et aux *fidepromissores*.

Ainsi la division opérée par la loi Furia avait lieu *ipso jure* et le créancier ne pouvait, sans encourir les déchéances attachées à la *plus-pétition*, demander à l'un des débiteurs accessoires plus que sa part virile ; il aurait même pu subir le *manus injectio pro judicato* s'il s'était agi d'un *sponsor*.

Au contraire, le créancier qui poursuit *in solidum* un des fidéjusseurs ne commet aucune faute de procédure, et la division n'a lieu que si celui-ci la demande.

La division effectuée en vertu de la loi Furia, ayant lieu *ipso jure*, profite à tous les *sponsores* ou *fidepromissores*. Le bénéfice d'Adrien ne profite qu'à ceux des fidéjusseurs qui l'invoquent.

Enfin la division établie par la loi Furia a lieu entre tous les débiteurs accessoires qui vivent au jour de l'exigibilité de la créance; de sorte que *si quis ex sponsoribus aut fidepromissoribus solvendo non sit, hoc cæterorum partes non onerat* (L. § 121). La division concédée par le rescrit impérial ne peut être demandée qu'entre les fidéjusseurs solvables au moment de la *litis contestatio*. Jusqu'à cette époque, ils sont responsables de leur solvabilité réciproque (G. 26). Après la concession du bénéfice d'Adrien, la *fidejussio* était donc la plus avantageuse des trois formes de l'*adpromissio*. Aussi la *sponsio* et la *fidepromissio* tombèrent-elles en désuétude.

Nous savons qu'en droit romain, à l'époque classique, les procès suivaient deux phases bien distinctes : l'une qui s'accomplissait devant le magistrat et l'autre devant le juge. Le magistrat, après avoir entendu les parties, leur délivrait une formule par laquelle il constituait le juge et précisait la prétention que celui-ci avait à vérifier. Le moment où le magistrat déterminait ainsi la question du procès s'appelait *litis contestatio*. Quand on était en instance devant le préteur, on était *in jure*, et devant le juge, *in judicio*.

Cela posé, le bénéfice de la division devant être invoqué *in jure*, deux hypothèses peuvent se présenter.

Si le créancier et le fidéjusseur poursuivi sont d'accord sur les faits qui doivent servir d'éléments à la division, c'est-à-dire sur le nombre des cofidéjusseurs et sur leur solvabilité, le magistrat delivrera une formule par laquelle il autorisera le juge à condamner le fidéjusseur à une partie seulement de la dette ; il fera lui-même cette division.

C'est l'hypothèse prévue dans le paragraphe 4 du titre XX aux Institutes de Justinien.

Mais supposons que le créancier ne tombe pas d'accord avec le fidéjusseur sur le nombre des cofidéjusseurs solvables entre lesquels la dette doit être répartie, comme le magistrat ne résout pas la question litigieuse, il en renverra l'examen au juge et il délivrera contre le fidéjusseur une action pour la totalité de la dette. Il est possible, en effet, qu'il y ait lieu de le condamner pour le tout, si le juge constate que les cofidéjusseurs ne sont pas solvables. Mais, dans cette même formule, le magistrat indiquera au juge, par une exception *in factum*, que, s'il reconnaît qu'il y a des cofidéjusseurs solvables, il devra restreindre la condamnation, d'après la division qu'il fera lui-même entre eux.

L'exception introduite dans la formule était ainsi conçue : *si non et illi solvendo sint.*

Si un fidéjusseur poursuivi pour le tout n'a pas demandé la division, il supportera seul la perte résultant de l'insolvabilité du débiteur principal. Pourquoi n'a-t-il pas prié le magistrat *ut pro parte in se detur actio ?*

Mais il ne faut pas croire que la division une fois opérée dans l'intérêt d'un fidéjusseur, la dette soit désormais divisée entre les cofidéjusseurs dont l'existence et la solvabilité auront été prises en considération pour faire cette division. Non, le créancier conserve le droit de demander à un autre fidéjusseur tout ce qui lui sera encore dû. Celui-ci pourra, il est vrai, demander à son tour la division, mais elle se fera d'après des éléments différents. On tiendra compte cette fois de la solvabilité au moment de la seconde poursuite.

Ainsi, dans l'intervalle des deux procès, un cofidéjusseur étant devenu insolvable sa part incombera aux fidéjusseurs qui n'ont pas encore payé et, par suite, le second fidéjusseur poursuivi sera obligé de payer une part plus forte que le premier.

L'action étant divisée entre les fidéjusseurs, certains d'entre eux ont cessé d'être solvables après le *litis contestatio*. Cette circonstance n'aggrave pas la position de ceux qui ont été solvables à ce moment, car le créancier n'a pas été trompé, les fidéjusseurs n'ayant fait qu'user du droit commun (L. 52 § 1 — 51, § 4 — 16, C, 8, 41).

Peut-on justifier le bénéfice de division au point de vue des principes rigoureux du droit civil ? Assurément. L'obligation de la fidéjussion est, en effet, unilatérale, mais elle peut être diminuée par un pacte ajouté *in continenti* à la stipulation. Or, on peut dire qu'il y a, de la part du créancier, convention tacite de diviser son action.

Quelles personnes ont le bénéfice de division ? Il est possible d'abord que celui qui l'invoque l'ait de son chef.

Ainsi il appartient aux cofidéjusseurs dont l'objet de l'obligation est le même, et qui s'engagent pour le même débiteur principal. Deux débiteurs solidaires ont donné, par exemple, des fidéjusseurs : le bénéfice de division n'existera qu'entre les fidéjusseurs du même débiteur solidaire et non entre les fidéjusseurs de l'autre. (L. 51, § 2).

On peut avoir le bénéfice de division du chef d'autrui. Le certificateur de caution aura, en vertu de ce principe, le bénéfice de division contre le fidéjusseur pour qui il n'est pas intervenu. Il pourra l'invoquer du chef du fidéjusseur qu'il aura garanti, autrement il serait obligé *in duriorem causam*.

Pour obtenir la division, le fidéjusseur doit prouver la solvabilité de ses cofidéjusseurs. Supposons qu'il y ait doute sur cette solvabilité, le fidéjusseur actionné, pourra toujours, en donnant caution, demander qu'ils soient poursuivis pour leur part à ses risques et périls, à moins qu'ils ne soient absents. Il pourrait, sans doute, payer la dette et obtenir contre ses co-obligés la cession des actions du créancier, ce qui lui permettrait de les faire contribuer au paiement ; mais peut-être n'a-t-il pas à sa disposition la somme nécessaire pour avancer le paiement intégral et alors le secours dont nous parlons lui sera avantageux (L. 10, pr.).

Il nous est maintenant facile de résoudre une question que se pose Papinien. Un fidéjusseur laisse deux héritiers. L'un d'eux paye par erreur la dette entière. Il a la *condictio indebiti* pour moitié. Mais supposons qu'il s'agisse de deux fidéjusseurs qui ont garanti, par exemple, un engagement de 20. L'un d'eux meurt laissant deux héritiers. Chacun des fidéjusseurs était tenu *in solidum*, mais cette dette se divise de plein droit entre les héritiers du défunt. Si l'un de ces héritiers paie la dette entière il pourra répéter la moitié qu'il ne devait pas. Mais pourra-t-il aller plus loin et dire : « Le fidéjusseur survivant devait payer 10 et chacun de nous 5. J'ai payé 10 je demande qu'on me rende la moitié de cette somme ? » Ce langage ne sera pas écouté. On répondra à l'héritier : « En payant 10, vous n'avez fait qu'exécuter, pour votre part, la promesse que votre auteur avait faite de payer toute la dette. Il aurait pu, il est vrai, invoquer le bénéfice d'Adrien, vous auriez pu l'invoquer aussi vous-même tout d'abord et ne payer que 5 ; maintenant il est trop tard, puisque le bénéfice de division doit être demandé avant le *litis contestatio.* » (L. 49 § 1).

La loi 51 § 1 suppose qu'un fidéjusseur a fait un paiement partiel. Il y a, par exemple, une dette de 20 et 2 fidéjusseurs. L'un d'eux a payé 10 soit en son nom, soit au nom du débiteur principal. S'il est actionné par le créancier, peut-il dire : « J'ai payé 10, j'invoque le bénéfice de division pour les 10 autres contre mon cofidéjusseur qui est solvable? » Ou peut-il être poursuivi pour les 10 qui restent, sauf à opposer le bénéfice de division pour 5? C'est cette dernière opinion que Papinien adopte, car il faut se placer au moment de la *litis contestatio* pour estimer le *quantum* que chaque fidéjusseur devra payer. Or, à ce moment, il n'est dû que 10, et le bénéfice de division est perdu jusqu'à concurrence de ce qui a été payé. Papinien ajoute cependant que ce fidéjusseur pourrait invoquer un pacte de *non petendo* tacite et prétendre que le créancier en recevant 10 l'avait libéré de l'obligation de payer le reste.

Les héritiers d'un fidéjusseur peuvent invoquer le bénéfice de division aussi bien que leur auteur (L. 26 § 2).

Pour apprécier la solvabilité d'un fidéjusseur, il faut faire entrer en ligne de compte non seulement ses ressources personnelles, mais encore celles de son propre fidéjusseur s'il en a donné un (L. 27 § 2).

Si la créance appartenait à un pupille et que, par fraude ou erreur, la dette eût été divisée entre des fidéjusseurs qui n'étaient pas tous solvables, *pupilli nomine restitutionis auxilium implorabitur* (L. 52 § 1).

Il faut que le fidéjusseur contre qui le bénéfice de division est demandé soit engagé valablement. Si, par exemple, Titius et une femme, Seia, se sont portés fidéjusseurs, Titius sera tenu *in solidum* sans pouvoir prétendre au bénéfice de division, car il devait savoir, ou de sa part, il y aurait erreur grossière à l'ignorer, qu'il n'est pas permis à une femme de faire acte d'*intercessio*. (L. 48 pr.)

Supposons que l'un des fidéjusseurs ait obtenu la *restitutio in integrum* pour cause de minorité, l'autre devra-t-il supporter tout le fardeau de la dette? Oui, répond Papinien, s'il s'est porté tout d'abord fidéjusseur sans avoir de collègue et par conséquent sans pouvoir compter sur le secours du bénéfice de division. Mais la solution serait différente dans l'hypothèse inverse, car le majeur a pu ignorer l'âge de son cofidéjusseur ou espérer qu'il n'obtiendrait pas la *restitutio*. Le préteur ne l'accorde, en effet, que *cognitâ causâ*. Cette espèce ne peut donc pas être assimilée au cas précédent où l'*intercessio* de la femme est toujours frappée de nullité, sans avoir aucun égard à l'âge.

Ulpien se demande, dans la loi 27 pr., s'il y a lieu d'appliquer le bénéfice d'Adrien lorsque l'obligation de l'un des fidéjusseurs est conditionnelle et il résout la question par la distinction suivante. Tant que la condition est susceptible de s'accomplir, le fidéjusseur obligé purement et simplement peut, s'il est poursuivi, opposer le bénéfice. Mais, si la condition vient à défaillir ou si, lorsqu'elle se réalise, le cofidéjusseur est insolvable, on devra permettre au créancier de demander au premier fidéjusseur la partie de la dette qu'il n'a pas payée. Ce texte constitue donc une exception à la règle que la solvabilité des fidéjusseurs s'apprécie au moment de la *litis contestatio*.

Le même principe s'appliquerait à l'obligation accessoire contractée à terme.

Le bénéfice de division a été refusé à certains débiteurs accessoires.

C'est d'abord à celui qui, amené devant le magistrat, a commencé par nier son engagement. La division de la dette entre les fidéjusseurs est un tempérament d'équité et *inficiantibus auxilium divisionis non est indulgendum* (L. 10 § 1).

Les fidéjusseurs fournis par un tuteur à son pupille et qui ont promis *rem pupilli salvam fore* sont aussi privés du bénéfice d'Adrien. On a voulu donner ainsi au pupille la plus grande facilité d'agir, car il n'a choisi ni son tuteur ni les fidéjusseurs : *non ipse contraxit, sed in tutorem incidit et ignorat omnia*. Ce serait donc lui faire tort que de le contraindre à intenter autant d'actions que son tuteur lui a fourni de répondants (L. 12, 46, 6).

Du bénéfice de cession d'actions.

A côté du bénéfice de division, nous trouvons le *beneficium cedendarum actionum* qui n'était possible que sous le système formulaire, puisqu'il s'opère par un mandat d'agir en justice et que la représentation n'était pas permise sous les actions de la loi. Nous allons exposer le principe du pur droit romain et nous indiquerons ensuite les diverses modifications qu'il a subies.

Supposons qu'un fidéjusseur poursuivi par le créancier n'ait pas d'intérêt à demander la division et qu'il soit disposé à payer la dette, pourra-t-il exiger du créancier la cession de ses actions contre le débiteur principal et les autres débiteurs accessoires? Oui, et c'est très-équitable, puisque ces actions désormais inutiles au créancier serviront, au contraire, beaucoup au fidéjusseur qui paye toute la dette,

A quelle époque le fidéjusseur peut-il demander la cession d'actions?

Ce ne sera pas après avoir payé le créancier, car le paiement a éteint la créance et, par voie de conséquence, ses accessoires. Rien donc ne peut plus être cédé, il est trop tard pour demander la cession.

D'un autre côté, si le fidéjusseur a laissé le *litis contestatio* s'accomplir, peut-il, dans l'instance devant le juge (*in judicio*), ou même après sa condamnation, se faire céder les actions? Non évidemment car la *litis contestatio* a épuisé les droits du créancier à l'égard du débiteur principal et des fidéjusseurs. Le créancier ne peut donc pas procurer à un autre des droits qu'il ne possède plus.

Concluons de ces deux hypothèses que le fidéjusseur doit demander au créancier la cession des actions avant le paiement, ou, au plus tard, avant la *litis contestatio*.

Mais, après avoir obtenu cette cession, est-ce qu'il va faire un paiement de la dette entre les mains du créancier?

Non, car nous retomberions dans la même difficulté que tout à l'heure. Le paiement éteindrait la dette et, par conséquent, les droits du créancier. D'un autre côté le créancier ne consentira à la cession qu'à la condition d'être satisfait. Il y avait là une difficulté que les Romains ont tournée de la façon suivante.

Le fidéjusseur offre au créancier, non pas de le payer,

mais de lui acheter ses droits contre le débiteur principal et les débiteurs accessoires, moyennant une somme d'argent égale au montant de la dette (L. 36).

Remarquons toutefois que le fidéjusseur n'est pas un acheteur véritable. Ainsi il devra tenir compte des intérêts et des fruits de la chose, en ce sens qu'il les imputera sur les intérêts de la créance et subsidiairement sur le capital. Au contraire, un véritable acquéreur n'aurait de compte à rendre à personne (L. 59),

Ajoutons que celui qui a acquis la chose pour conserver le droit de gage et non comme un véritable acquéreur peut être dépouillé par le *jus offerendæ pecuniæ*.

Du reste, faisons observer que le fidéjusseur ne pourrait pas acquérir la chose comme un acheteur véritable. Ce serait manquer à la bonne foi du contrat de mandat qui le lie au débiteur principal pour acquérir la chose peut-être à vil prix.

Malgré la cession des actions, le droit continue à appartenir au créancier, mais celui-ci donne mandat au fidéjusseur de les exercer contre le débiteur principal et les débiteurs accessoires. C'est un mandat d'une espèce particulière, car il n'existe pas dans l'intérêt du mandant, comme cela a lieu ordinairement, mais dans l'intérêt seul du mandataire. Le cessionnaire est constitué *procurator in rem suam*. Le fidéjusseur n'a pas à rendre compte au créancier qui est désintéressé; de plus, le fidéjusseur exerce son mandat à ses risques et périls. Si, par exemple, il poursuit inutilement le débiteur principal et les débiteurs accessoires, il ne pourra recourir contre son mandant, car le mandat lui a été donné uniquement dans son intérêt, *in rem suam*.

Le créancier doit subir cette règle. (L. 17.) S'il s'y refusait le fidéjusseur ne paierait pas et serait protégé par le préteur qui n'autoriserait pas la poursuite. Il semble que l'on se soit écarté ainsi du principe ancien qui considérait la fidéjussion comme un contrat unilatéral. Il n'en est rien, car on peut supposer que le créancier s'est engagé tacitement à céder ses actions même hypothécaires.

Il n'éprouve, du reste, aucun préjudice, puisqu'il va recevoir sous forme de *pretium* l'équivalent de ce qui lui est dû et qu'il n'est pas responsable envers son mandataire des pertes que celui-ci peut éprouver en exerçant les pouvoirs qu'il lui a conférés.

Si toutefois, entre le créancier refusant de céder ses actions et le fidéjusseur, il y avait quelque point litigieux à éclaircir, le préteur accorderait l'action, mais en insérant dans la formule l'exception *doli mali*. Le fidéjusseur pourra ainsi être absous, si le juge reconnaît que le créancier a commis un dol en refusant de céder ses actions. (L. 65, 21, 2.)

Le créancier doit céder tous ses droits, mais si les objets qui lui ont été remis à titre de gage garantissent aussi des créances auxquelles le fidéjusseur est étranger, celui-ci ne pourra en prendre possession qu'à la charge d'acquitter ces créances. (L. 2. C. 3.)

Le bénéfice de cession d'actions est utile même employé concurremment avec le bénéfice de division.

Supposons que le débiteur ait demandé le bénéfice de division. A-t-il intérêt à avoir le bénéfice de cession d'actions? Sans aucun doute, bien qu'il n'ait payé que sa part de la dette, afin de la faire rembourser par le débiteur principal. Mais il ne pourra pas recourir contre ses cofidéjusseurs puisqu'il n'a rien payé pour eux. On voit combien cette cession lui sera utile, si le débiteur est insolvable et a donné à son créancier un gage ou une hypothèque.

Supposons maintenant que la division n'a pu avoir lieu à cause de l'insolvabilité des fidéjusseurs. Le débiteur principal est insolvable, lui aussi, et n'a donné ni gage ni hypothèque. — Quel intérêt peut avoir le fidéjusseur qui paie, à requérir la cession des actions? Un très-grand, car cette cession ménagera l'avenir. Si ses cofidéjusseurs actuellement insolvables reviennent plus tard à meilleure fortune il aura alors pour les poursuivre les actions que le créancier lui aura cédées. Remarquons qu'il ne peut exiger de ses cofidéjusseurs plus que leur part, car il est dans une position semblable à la leur.

Lorsque le créancier n'est plus, par son fait, en état d'opérer, au profit des débiteurs accessoires, une cession d'actions efficace, qu'arrive-t-il? Le fidéjusseur peut-il l'opposer au créancier?

Ainsi, j'ai un débiteur principal et deux fidéjusseurs. Le débiteur principal est insolvable et je fais avec un des fidjéusseurs un pacte *de non petendo*, c'est-à-dire que je lui fais remise de son obligation accessoire. Si je demande à l'autre fidéjusseur la totalité de la dette, peut-il se refuser de me la payer sous prétexte qu'en lui rendant impossible tout recours — le débiteur principal étant insolvable — j'ai empiré, par mon fait, sa situation? Non il ne le pourra pas. La règle du droit romain, c'est que le créancier doit céder ses actions telles qu'il les a, utiles ou inutiles, peu importe. Là se borne son obligation.

Voici quelle en est la raison juridique :

La fidéjussion est un contrat de droit strict et unilatéral. Il n'y a que le fidéjusseur d'engagé ; quant au créancier, il n'a rien promis et n'est tenu à rien envers les cautions. Il ne saurait donc être responsable d'un fait licite émané de lui.

La solution serait la même, si le créancier ayant reçu un gage ou une hypothèque du premier fidéjusseur, en avait fait remise au moment où il attaque le deuxième.

Il en serait tout autrement en matière de *mandatum credendæ pecuniæ*. Le contrat intervenu entre le débiteur accessoire et le créancier étant alors un contrat synallagmatique et de bonne foi, fait naître des obligations réciproques et le mandataire ne peut compromettre, par sa faute, les intérêts du mandant.

Avant Justinien, le créancier épuisait son droit en poursuivant le débiteur principal ou l'un des fidéjusseurs : *bis de eadem re ne sit actio*. Dès que le débiteur principal ou l'un des fidéjusseurs avait été poursuivi, tous les autres obligés étaient libérés par la *litis contestatio* : *electo reo principali, fidejussor vel heres ejus liberatur*.

Aussi le bénéfice de cession d'actions ne pouvait-il pas être réclamé par le fidéjusseur, après la *litis contestatio*.

Justinien abolit la règle : *bis de eadem re ne sit actio* et modifia ainsi les principes de notre bénéfice de cession d'actions.

Désormais le fidéjusseur, assimilé au *mandator credendæ pecuniæ*, pourra demander la cession des actions, même après la *litis contestatio*, mais toujours avant le paiement qui éteint les droits du créancier.

Les fidéjusseurs égalent donc les *mandatores pecuniæ*

credendæ, au point de vue de la perpétuité de l'action du créancier.

BÉNÉFICE DE DISCUSSION.

Avant Justinien, le fidéjusseur ne pouvait pas exiger du créancier qu'il poursuivît d'abord le débiteur principal. En effet, le créancier, forcé d'agir contre un insolvable peut-être, aurait perdu toute action contre le fidéjusseur. Il fallait donc lui laisser un pouvoir discrétionnaire dans le choix de la personne à poursuivre.

Mais le fidéjusseur pouvait lui proposer cet arrangement : Je vais vous donner mandat d'exercer votre action contre le débiteur principal. Vous ne courrez aucun risque. En effet, après avoir exercé l'action de la dette primitive contre le débiteur principal, vous aurez bien perdu le droit de me poursuivre comme fidéjusseur, mais, si vous n'êtes pas payé, vous aurez contre moi une action nouvelle, née du mandat que je vous donne. Vous allez avoir ainsi deux débiteurs que vous pourrez poursuivre successivement. Vous avez donc grand intérêt à accepter, puisque je vous indemniserai du dommage que vous pourrez éprouver en exécutant le mandat. (*De Mand.* § 2. Inst.)

Cet arrangement pouvait être librement consenti par le *reus*, mais il ne pouvait pas lui être imposé.

Justinien a changé cette faculté en droit dans la Novelle IV.

Le créancier qui a un débiteur principal et des débiteurs accessoires devra agir, d'abord, contre le débiteur principal et c'est seulement après l'avoir discuté que, s'il n'est pas payé, il pourra se retourner contre les débiteurs accessoires.

Cette novelle a été interprétée, dans notre ancienne jurisprudence, en ce sens que le débiteur accessoire, poursuivi par le créancier, avait le droit de le renvoyer à la discussion préalable du débiteur; mais, si on la lit attentivement, il semble bien que Justinien non-seulement crée un bénéfice au profit du débiteur accessoire, mais ordonne impérativement au créancier d'agir d'abord contre le débiteur principal.

Au point de vue des frais et de la régularité des poursuites dirigées contre le fidéjusseur avant la discussion du débiteur principal, il y a un intérêt sérieux à savoir si c'est un ordre.

Cependant, si le créancier était dans l'impossibilité d'agir contre le débiteur principal, le fidéjusseur valablement poursuivi, cette fois, peut demander un délai, afin de mettre en cause le débiteur principal. Après le délai expiré, si celui-ci est encore absent, par exemple, l'action suivra son cours contre le fidéjusseur.

Le bénéfice de discussion est aussi appelé bénéfice d'ordre, parce que le législateur trace l'ordre dans lequel les poursuites doivent être faites.

Cette innovation, remarquons-le en passant, n'a été possible que quand il a été permis au créancier de poursuivre successivement les différents débiteurs obligés à la dette.

J'ai un débiteur principal et un fidéjusseur. La dette est arrivée à échéance. A ce moment le débiteur principal est solvable et le fidéjusseur m'invite à agir contre ce dernier, de peur que cette solvabilité ne dure pas et que la dette ne retombe sur lui.

Au lieu d'écouter le fidéjusseur, j'accorde un nouveau délai au débiteur. A la nouvelle échéance, celui-ci est insolvable : on se demande si j'ai perdu le droit d'agir contre le fidéjusseur. Non, répond Scævola, j'ai conservé mon droit intact, car, d'après le contrat, je n'étais tenu d'obéir au fidéjusseur et je ne dois pas être responsable, envers lui, du retard que j'ai apporté dans l'exercice de mon droit.

Il en serait tout autrement, s'il s'agissait d'un *fidejussor indemnitatis* qui n'a promis que *quanto minus consequi posset creditor*. Bien entendu, il faudrait examiner s'il y a eu négligence de la part du créancier et si c'est elle qui a fait survenir l'insolvabilité. (L. 41.)

Voici donc deux règles différentes, suivant qu'il s'agit d'un fidéjusseur ordinaire ou d'un *fidejussor indemnitatis*. Que décider sous le système de la Novelle IV? Suivant certains interprètes, tout fidéjusseur doit être désormais traité comme l'était auparavant le *fidejussor indemnitatis*. Nous ne croyons pas que cette solution soit exacte. Justinien dit bien dans sa Novelle que le fidéjusseur ne pourra être poursuivi qu'après le débiteur principal, mais il ne tranche aucune autre question. Il laisse donc subsister toutes les règles qui, comme celle dont nous nous occupons, ne sont pas incompatibles avec le nouveau bénéfice qu'il établit au profit des fidéjusseurs.

Modes d'extinction de la fidéjussion.

L'obligation du fidéjusseur étant accessoire par rapport à celle du *reus*, il est de son essence de ne pouvoir subsister après l'extinction de l'obligation principale. Mais pour que la fidéjussion s'éteigne ainsi, il ne suffit pas que l'obligation principale se transforme en une obligation naturelle, il faut qu'elle soit complètement anéantie.

Nous savons que les obligations s'éteignent soit *ipso jure*, soit *exceptionis ope*. Voyons d'abord les modes qui opèrent *ipso jure*, tels qu'ils sont énumérés dans les Institutes.

Quant au paiement il n'y a aucune difficulté.

La *datio in solutum*, dans l'opinion des Sabiniens, équivalait à un paiement opéré *ipso jure*. Donc, si le créancier était évincé de la chose, le fidéjusseur était libéré, il faudrait donner une solution inverse si l'on suit la doctrine des Proculiens qui pensaient qu'elle n'opérait qu'*exceptionis ope*.

La novation libère tout le monde à moins que le fidéjusseur n'accède à la nouvelle obligation.

L'acceptilation libérera tous les obligés, puisqu'elle est un paiement fictif. Mais à qui doit-elle être faite ? Elle pourra l'être au fidéjusseur qui est obligé *verbis*, mais, dans ce cas, libérera-t-elle le débiteur principal, même s'il n'est pas obligé *verbis*? Ulpien répond affirmativement dans la loi 13, § 7, L. 46, t. IV.

La raison de douter c'est que l'acceptilation n'aurait pas pu être faite directement avec le débiteur principal.

Il est cependant possible que ce résultat ne se produise pas. Ainsi un fidéjusseur est tenu sous condition; de plus son obligation est soumise à cette seconde condition que la première se réalisera de son vivant. Pendant que la première condition est encore en suspens, on lui fait acceptilation; puis, toujours avant l'arrivée de cette condition, le fidéjusseur meurt. On peut dire qu'il n'a jamais été obligé et que l'acceptilation qui lui a été faite est de nul effet, aussi bien vis-à-vis de lui que vis-à-vis du débiteur principal. Comme il est certain maintenant qu'aucune libération ne se produira, *confestim a reo petere possum*. (L. 72.)

Enfin le mutuel dissentiment libérera le fidéjusseur, mais seulement par voie de conséquence, puisqu'il ne s'applique qu'aux obligations formées *solo consensu*.

Parmi les modes d'extinction des obligations qui nous restent à examiner, les uns opèrent tantôt *ipso jure*, tantôt *exceptionis ope*, d'autres toujours *ipso jure*, d'autres enfin toujours *exceptionis ope*.

Dans la première classe, nous trouvons la *litis contestatio* dont l'effet extinctif n'est qu'une conséquence exagérée de ce que l'obligation du débiteur principal et celle du fidéjusseur n'en forment qu'une. Aussi la règle doit être restreinte et nous trouverons certaines hypothèses dans laquelle elle ne doit pas être appliquée.

Ainsi un esclave est obligé. On sait qu'il y a alors deux obligations : une naturelle dont est tenu l'esclave, et l'autre prétorienne que le préteur met à la charge du maître. Des fidéjusseurs garantissent l'obligation de l'esclave. Si le créancier agit *de peculio* contre le maître, la *litis contestatio* ne libérera pas les fidéjusseurs, car l'obligation du véritable *reus* n'a pas été *in judicium deducta* (L. 84, *de sol.*)

Etudions maintenant quelques modes qui opèrent *ipso jure*.

La *minima capitis deminutio* laisse le fidéjussseur engagé. Quant aux deux autres diminutions de tête, si c'est le débiteur principal qui les subit, il faut décider que le fidéjusseur reste tenu, car elles ont pour effet de soustraire la personne à ses engagements plutôt que d'éteindre l'obligation.

Arrivons à l'extinction de l'obligation principale par la perte de la chose due. L'objet principal de l'obligation est un corps certain ; il périt par cas fortuit et avant toute mise en demeure ; l'obligation principale est éteinte et avec elle s'éteint l'obligation accessoire du fidéjusseur. Mais si c'est par le fait d'un débiteur, ou même par cas fortuit après la mise en demeure, il faut distinguer.

Première hypothèse. — C'est le débiteur principal qui a détruit la chose, ou c'est lui qui a été mis en demeure. Dans les deux cas, l'obligation du fidéjusseur est perpétuelle. Le créancier n'a pas entendu, en effet, se mettre à la merci du débiteur principal et l'obligation du fidéjusseur a la même étendue que celle de ce dernier. C'est une obligation accessoire, et le fidéjusseur *in totam causam spopondit.*

Deuxième hypothèse. — La chose a péri par le fait du fidéjusseur ou par cas fortuit, mais après sa mise en demeure. Le débiteur principal est libéré, mais le fidéjusseur le sera-t-il?

Nous trouvons dans les textes trois doctrines différentes, qui se sont probablement succédé et qui constituent chacune un progrès.

Dans le premier état du droit, les Romains, suivant la voie d'une logique rigoureuse, déclaraient le fidéjusseur libéré de son obligation originaire. Papinien suppose, en effet, qu'un fidéjusseur a tué l'animal qui était promis. Le débiteur principal est libéré, puisque c'est un événement fortuit à son égard, et, par voie de conséquence, le fidéjusseur l'est aussi. Seulement, on donnait contre lui l'action *de dolo* (L. 19, *de dolo malo*). Mais cette action, outre qu'elle entraînait l'infamie, était annale et ne se transmettait pas contre les héritiers, à moins qu'ils n'eussent profité du dol.

Elle était donc moins avantageuse que l'action née de la fidéjussion, résultat inique, puisque le fidéjusseur ne doit pas, par sa faute, améliorer sa situation. Un progrès était nécessaire pour que le droit fût d'accord avec l'équité, on restitua l'action primitive contre le fidéjusseur. C'est ce que nous voyons dans la loi 38, § 4, *de solut.*

Une personne, tenue d'une obligation temporaire, s'absente pour le service de la République. On ne peut l'accuser de dol, et il est impossible de procéder à la vente de ses biens. Mais au retour, le préteur restituera contre elle, pendant une année, l'action qui s'était éteinte en son absence. Cette action restitutoire est garantie par un fidéjusseur. L'année s'écoule, le débiteur principal est libéré, et le jurisconsulte se demande si le fidéjusseur est libéré. Julien ne le croyait pas. Africain, au contraire, pense que le fidéjusseur est libéré; seulement, dit-il, il y aura contre lui une *restitutio in integrum* de l'action, exactement comme dans le cas où un fidéjusseur a tué l'esclave promis. On donne ainsi contre le fidéjusseur l'action *ex stipulatu* restituée.

Enfin il se fit un troisième progrès purement doctrinal, puisqu'il ne produit aucune conséquence pratique. Le fidéjusseur qui a détruit la chose promise a libéré le débiteur principal, mais, quant à lui, il reste tenu, *utili-*

tatis causa, de l'action *ex stipulatu*, sans qu'il soit besoin d'aucune restitution. (Marcien, L. 32, § 5, *de usuris* et Paul, L. 38, *de verb. oblig.*).

Passons aux modes qui opèrent *exceptionis ope*.

Le créancier a fait avec le *reus* un pacte *de non petendo*. En principe, il profitera au fidéjusseur, autrement le débiteur serait exposé à un recours. Mais supposons que ce pacte *de non petendo* soit suivi d'un deuxième pacte ayant pour but d'anéantir l'effet du premier en restituant au créancier le droit auquel il a renoncé. Ce deuxième pacte sera-t-il opposable du fidéjusseur?

Non, répond la loi 62 *de pactis*, car le fidéjusseur ne peut pas être privé malgré lui du bénéfice d'une exception. Cependant la loi 27, § 2, *eodem titulo*, dit positivement le contraire. On a cherché vainement à concilier ces deux textes; d'ailleurs la loi 62 montre qu'il y avait désaccord entre les jurisconsultes.

Lorsque la libération est léguée au débiteur principal, le fidéjusseur pourra, comme le *reus*, opposer à l'héritier l'exception du dol, autrement la libération ne profiterait pas au débiteur, qui serait exposé au recours du fidéjusseur. (L. 49, pr.).

La solution inverse devrait être donnée, au cas où le fidéjusseur serait intervenu *animo donandi*.

Remarquons que le fidéjusseur qui profiterait du legs ne pourrait pas intenter l'action *ex testamento*, afin d'obtenir de l'héritier une acceptilation, car le but du testateur n'a pas été de le gratifier, et il n'est libéré que par voie de conséquence.

Que déciderons-nous relativement aux restitutions *in integrum?* Si le débiteur principal est un mineur de vingt-cinq ans à qui le préteur accorde *extraordinarium auxi-*

lium, le fidéjusseur en profitera-t-il? Nous ne pouvons donner de solution absolue.

Si le fidéjusseur s'est engagé dans les conditions ordinaires, afin de protéger le créancier contre les risques de l'insolvabilité du débiteur principal, le magistrat lui viendra en aide; si, au contraire, il s'est engagé précisément pour préserver le créancier des effets de la restitution qui pourrait être accordée au *reus*, il ne sera pas restitué.

Il nous reste à examiner l'effet de la confusion, et pour cela nous nous placerons sous quatre hypothèses différentes.

Première hypothèse. — La confusion a lieu entre le créancier et le débiteur principal. Il y a extinction de l'obligation pour le tout ou pour partie, sans avoir à distinguer si c'est le créancier qui est héritier ou réciproquement, ou même si c'est un tiers qui a succédé aux deux.

Ainsi, un héritier nommé Titius est tenu d'un legs conditionnel. Il donne un fidéjusseur. Le légataire succède à l'héritier, et la condition se réalise. La créance du legs ne produisant pas son effet, puisque la personne du débiteur principal s'est confondue avec celle du créancier, le fidéjusseur est libéré. (L. 38, § 1).

Autre texte. — Un débiteur qui a donné un fidéjusseur, a institué son créancier pour la moitié de la dette, et son fidéjusseur pour l'autre moitié. La dette sera éteinte par confusion, jusqu'à concurrence de la moitié qui incombe au créancier. Quant à la portion de l'obligation qui grève la part échue au fidéjusseur, elle subsiste, et la fidéjussion est éteinte dans cette proportion, car lorsque la confusion s'opère entre un fidéjusseur et un débiteur, l'obligation la plus forte absorbe la plus faible. (L. 50.)

Deuxième hypothèse. — La confusion s'opère entre le créancier et le fidéjusseur. Pour ce cas, la fidéjussion est éteinte, parce qu'on ne peut ni se devoir à soi-même, ni se poursuivre soi-même. (L. 21, § 3 et § 5.)

Troisième hypothèse. — La confusion s'opère entre le débiteur principal et le fidéjusseur.

L'obligation du fidéjusseur disparaît, à moins que cette obligation ne soit seule munie d'une action.

Un esclave, par exemple, s'est engagé et a fourni un fidéjusseur. Il est ensuite affranchi et devient l'héritier de son fidéjusseur. L'obligation de la fidéjussion n'est pas éteinte, et cela se comprend facilement; mais pourquoi maintenir l'obligation naturelle? D'abord c'est logique, puisque la fidéjussion ne peut subsister seule, et puis il ne faut pas que le créancier souffre d'un événement qu'il n'a pu éviter; il n'y a pas, du reste, de raison pour considérer comme éteinte l'une plutôt que l'autre. Cela peut avoir une certaine utilité au point de vue pratique. En cas de péremption d'instance, de plus-pétition, le maintien de l'obligation naturelle mettra obstacle à la répétition en cas de paiement, et permettra d'opposer la compensation (L. 21, § 2). Cette solution est une exception au principe, que quand la personne du fidéjusseur et celle du créancier se confondent, l'obligation du fidéjusseur disparaît.

Un débiteur est devenu l'héritier de son fidéjusseur. S'il est poursuivi *tanquam a reo* et qu'il oppose une exception qui appartenait au fidéjusseur, il sera écarté, puisque la fidéjussion est éteinte par confusion. (L. 14.)

RECOURS DES ADPROMISSORES.

En parlant de la cession d'actions, nous avons indiqué un moyen de recours mis à la disposition du débiteur accessoire qui a payé la dette contre le débiteur principal et ses cofidéjusseurs. Mais n'a-t-il pas en outre, de son chef, une action contre le débiteur principal? C'est ce que nous allons examiner en terminant cette étude.

Le *sponsor* qui avait payé était assimilé à un créancier muni d'un jugement. Aussi au bout de six mois, s'il n'était pas remboursé par le débiteur principal, celui-ci devait subir la *manus injectio pro judicato.*

Si le débiteur accessoire s'est engagé sur l'invitation du débiteur principal, il aura son recours contre lui, après avoir payé, par l'action *mandati contraria* (Inst, L. 6).

Qu'arrivera-il si le débiteur accessoire s'est obligé à l'insu du débiteur principal? Presque toujours, il aura voulu rendre service en procurant du crédit au débiteur principal. Aussi aura-t-il contre lui l'action *negotiorum gestorum.* (L. 4 pr.)

Il est possible que le débiteur accessoire, après avoir payé, n'ait pas de recours. D'abord et incontestablement s'il est intervenu *animo donandi*, car il retracterait son bienfait.

La deuxième hypothèse a été très-vivement débattue par les jurisconsultes. Il s'agissait de savoir si on accorderait un recours au débiteur accessoire qui s'était obligé malgré la défense du débiteur principal.

Quelques-uns lui donnaient l'action utile de gestion d'affaires, mais l'opinion contraire avait prévalu. La gestion d'affaires, comme disent les Institutes, a été introduite dans l'intérêt des absents et le gérant doit agir en conformité avec la volonté du *dominus*. Il n'y avait donc pas les éléments de la gestion d'affaires.

Un débiteur a payé sans avertir le fidéjusseur, ce dernier ignorant l'extinction de la dette paye à son tour. « Je pense, dit Ulpien, qu'il aura l'action de mandat, car il n'est pas en faute. Dans l'hypothèse inverse, ce fidéjusseur n'aurait pas de recours, car il a commis une sorte de dol, mais le débiteur devra lui céder la *condictio indebiti*. (L. 29, § 2 et § 3, L. 17, t. 1.)

Le fidéjusseur a opposé une exception, mais il a été condamné par l'injustice du juge; il n'obtiendra rien par l'action du mandat. Il est plus juste, en effet, qu'un autre ne souffre pas de l'injustice qui a été commise à son égard.

DROIT FRANÇAIS

DU CAUTIONNEMENT

Le cautionnement intervient comme une sûreté donnée au créancier, non pour forcer le mauvais vouloir des débiteurs, comme jadis la contrainte par corps, mais pour le prémunir contre leur insolvabilité.

Il y a, en droit, deux séries de garanties accordées aux créanciers contre l'insolvabilité des débiteurs.

La première consiste dans l'adjonction d'un tiers qui s'engage à payer pour le débiteur dans le cas où celui-ci ne paierait pas. Cette sûreté, qualifiée de personnelle, peut être obtenue de deux manières :

1° Par la solidarité. Deux personnes s'engagent de telle façon que le créancier peut demander à chacune d'elles le paiement intégral de la dette.

2° Par le cautionnement. Un tiers se soumet envers le créancier à satisfaire à l'obligation du débiteur, si celui-ci n'y satisfait par lui-même.

Mais, à cause des insolvabilités possibles, les sûretés personnelles ne mettent pas le créancier à l'abri de tous risques. Aussi, pour obtenir une garantie plus complète, on a imaginé une deuxième catégorie de sûretés qui consistent dans l'affectation spéciale au paiement de la dette, d'un ou de plusieurs biens appartenant au débiteur, tels sont les priviléges et hypothèques. On les appelle des sûretés réelles et elles sont infiniment préférables aux sûretés personnelles. Les Romains disaient : *Plus est cautionis in re quam in persona.*

Nous allons nous occuper seulement de la sûreté personnelle qu'on appelle le *Cautionnement.*

Le cautionnement peut être ainsi défini : c'est un contrat par lequel un tiers se soumet personnellement envers le créancier d'une obligation, à satisfaire à cette obligation, si le débiteur n'y satisfait pas lui-même.

Le cautionnement est une opération complexe qui renferme plusieurs conventions dans lesquelles figurent nécessairement trois personnes : le créancier au profit duquel la caution intervient ; le débiteur principal au secours duquel vient la caution ; enfin la caution tiers qui garantit l'obligation du débiteur.

Pour bien saisir le mécanisme du cautionnement, il faut distinguer ces trois conventions qui, au premier abord, peuvent être prises l'une pour l'autre :

1° L'obligation de fournir une caution ;

2° L'engagement de se porter caution ;

3° Le cautionnement proprement dit.

I. *Obligation de fournir une caution.*

L'obligation de fournir une caution existe dans les rapports du débiteur principal avec le créancier, et il peut arriver, dans trois séries d'hypothèses, que le débiteur soit contraint de fournir au créancier cette sûreté personnelle.

Premièrement. Il s'y est engagé. C'est l'application pure et simple de cette règle fameuse que les conventions légalement formées ont force de loi entre ceux qui les ont faites.

Deuxièmement. Le débiteur est tenu, sans s'y être volontairement engagé, parceque la loi, dans certains cas, lui impose l'obligation de fournir une caution. Cette caution est qualifiée, à raison de la nature de la volonté qui astreint le débiteur à la fournir, — de caution légale. Ainsi l'usufruitier doit, en général, fournir caution pour garantir le nu-propriétaire des abus de jouissance qu'il pourrait commettre.

Troisièmement. L'obligation de fournir caution peut résulter d'un jugement, et alors la caution est dite judiciaire.

Toutes les fois que le débiteur est ainsi assujetti à fournir une caution, il faut qu'il présente une personne dont la solvabilité assure le paiement au créancier ; en un mot, il faut que celui-ci ait une sûreté certaine et facile. — De là toute une série de dispositions que nous allons exposer rapidement.

Toute personne capable de s'obliger, est par cela même capable d'être caution, car le Code civil n'a pas reproduit les incapacités qui avaient été en vigueur soit dans le droit romain, soit dans notre ancien droit français. Nous savons que, d'après le sénatus-consulte Velléien, le droit d'*intercedere* était enlevé aux femmes. Cette incapacité n'avait pas été admise en France, au moins pour toute l'époque postérieure à Henri IV, excepté en Normandie.

Le créancier n'est pas tenu de se contenter de cette capacité vague et générale, il faut de plus que la caution soit solvable — et solvable d'une certaine manière, toute espèce de solvabilité n'est pas, en effet, suffisante.

Comment l'appréciera-t-on ?

La réponse se trouve dans l'article 2019 où nous voyons que les propriétés foncières de la caution forment le seul élément que l'on doit prendre en considération.

C'est là une règle tirée de l'ancien droit et peut-être pourrait-on trouver que cet emprunt n'est pas heureux. Sans doute la propriété mobilière n'est pas stable et elle n'est pas susceptible d'hypothèque, mais il n'en est pas moins vrai qu'un banquier, par exemple, peut présenter d'excellentes garanties de solvabilité et n'être cependant pas propriétaire foncier. C'est un souvenir malheureux du vieil adage : *vilis mobilium possessio*, qui est loin d'avoir aujourd'hui l'importance qu'on lui prêtait autrefois.

Il y a cependant une première exception à notre règle en matière de commerce. Cela se comprend. Pour les engagements civils qui, de leur nature, durent longtemps, la caution doit être solvable en immeubles parce qu'elle doit l'être à long terme; mais, en matière commerciale, ces sortes d'engagements sont beaucoup moins fréquents et ils sont de trois ou de six mois, tout au plus; de sorte que celui qui est solvable aujourd'hui en fortune mobilière, le sera vraisemblablement encore lors de l'échéance très-rapprochée de la dette.

Nous n'avons pas à insister sur la seconde exception qui est relative aux dettes de peu d'importance.

Remarquons que l'on n'a pas égard aux immeubles sur lesquels la caution n'a que des droits sujets à résolution ou à contestation. Rien ne serait moins assuré que la solvabilité d'un homme menacé de perdre toute sa fortune immobilière dans un procès non encore commencé, mais sur le point d'être engagé.

L'article 2019 ajoute que les biens ne doivent pas être situés dans un lieu trop éloigné, afin que la discussion en soit facile. Le juge a, sur ce point, un certain pouvoir d'appréciation.

Enfin, aux termes de l'article 2018, la caution doit être domiciliée dans le ressort de la Cour d'appel où elle doit être donnée. La facilité de poursuivre un débiteur fait partie de sa solvabilité, et une discussion qu'il faudrait suivre à de grandes distances serait presque toujours plus ruineuse qu'utile.

Où la caution doit-elle être donnée? Le texte ne nous dit rien de précis à cet égard, et il faut nous en référer aux principes généraux.

Si les parties sont convenues que la caution sera donnée dans tel lieu désigné, les termes de la convention devront être pris pour règle. Si le contrat est muet sur ce point, il faudra appliquer les dispositions de la loi relatives au paiement. Or, d'après l'article 1247, excepté quand il s'agit de corps certains, le paiement doit, sauf convention contraire, être fait au domicile du débiteur. C'est donc dans le ressort de la Cour où le débiteur principal est domicilié que sera fournie la caution. D'ailleurs c'est là qu'il a sa famille, ses amis ; comment pourrait-on exiger de lui une caution au domicile du créancier où il ne connaîtra personne le plus souvent?

Cependant, Pothier — auquel l'article 2018 est emprunté — dit que celui qui a promis une caution, ne doit pas être reçu à alléguer qu'il n'en peut trouver dans l'étendue du bailliage où le créancier est domicilié, car de quel droit se plaindrait-il d'une situation à laquelle il s'est volontairement soumis?

L'article 2018, pourrait-on soutenir, est conçu dans cette même pensée : il ne faut pas que le créancier soit contraint d'aller au loin chercher et discuter la caution. Il y aurait donc là une dérogation implicite à l'article 1247.

Nous ne pensons pas qu'on puisse écarter cet article. Qu'a voulu, en effet, le créancier? Il a cherché un avantage égal, mais non supérieur à celui qu'il aurait trouvé dans un débiteur principal dont la solvabilité eût été complète et notoire. Or un tel débiteur, il devrait aller le poursuivre à son propre domicile. Pourquoi placerait-on le créancier dans une situation meilleure quand il a une caution qui assure l'exécution de l'obligation principale?

Quand le cautionnement a lieu en vertu d'une disposition légale, nous donnerons la même solution, alors même qu'il s'agirait de la caution à donner par le légataire d'un usufruit. L'article 59 du Code de procédure civile est complètement étranger à cette question. Il faudrait décider autrement pour la caution que doit fournir l'héritier bénéficiaire, si les créanciers ou autres intéressés l'exigent. L'article 993 Pr. civ. porte qu'elle sera donnée au lieu où la succession s'est ouverte.

Pour les cautions judiciaires, le lieu sera désigné par le juge. Il choisira, en général, le siége du tribunal.

La caution, qui n'est pas domiciliée dans le ressort, peut très-bien y faire élection de domicile.

Si d'abord domiciliée, comme le veut la loi, la caution venait à changer de domicile, le créancier ne serait pas fondé à exiger d'elle une élection de domicile dans le lieu qu'elle vient d'abandonner, car il ne nous paraît pas possible d'accorder au créancier, contre la caution, un droit qu'il n'aurait pas contre le débiteur principal. Si le créancier ne trouve plus dans la caution les garanties déterminées par la loi, qu'il demande un nouveau répondant!

En dehors de ces qualités requises pour toutes les cautions, en général, à savoir : la solvabilité et le domicile, on avait exigé jusqu'en 1867 que les cautions judiciaires fussent susceptibles de contrainte par corps. Le créancier avait ainsi, entre les mains, un moyen des plus énergiques pour forcer le mauvais vouloir de la caution. La loi de 1867 a abrogé cette disposition de l'article 2040.

Toute caution doit donc réunir aujourd'hui les mêmes conditions de garantie certaine et de réalisation facile.

Il peut arriver cependant que la caution elle-même soit tenue de fournir une autre caution, appelée certificateur de caution. Voici l'espèce. La solvabilité de la caution étant douteuse, une tierce personne intervient qui s'engage à exécuter si la caution ne remplit pas ses obligations.

Les règles relatives au certificateur de caution sont les mêmes que celles de la caution ordinaire.

Lorsqu'un débiteur tenu de fournir une caution n'en présente aucune, le contrat est résolu pour inaccomplissement de condition. (Art. 1912 2°.) Mais quelle sera la conséquence de l'insolvabilité de la caution survenue *ex post facto*? Le débiteur devra en fournir une autre, sous peine de dommages-intérêts. Le juge pourrait même le forcer à payer immédiatement sa dette. Cette règle reçoit exception, dans le cas où la caution n'a été donnée qu'en vertu d'une convention par laquelle le créancier a exigé une telle personne pour caution. Cela nous paraît parfaitement conforme à l'intention des parties. (Art. 2020.)

II. — *Obligation de se porter caution.*

L'obligation de se porter caution est à la charge d'un tiers et peut être invoquée par le débiteur. Nous allons examiner ce que peut demander au débiteur principal la caution qui a payé par suite de cette obligation.

Habituellement, le tiers, qui s'est porté caution, l'a fait à la prière du débiteur, et, par suite, les rapports, qui se sont formés entre eux, sont ceux de mandant à mandataire. Qu'obtiendra, dans cette hypothèse, la caution qui a payé? Trois choses très-clairement indiquées dans l'article 2028 : le principal de la dette, les intérêts et les frais.

Elle demandera les intérêts à un double point de vue. D'abord ceux qu'elle a payés au créancier, puis ceux du capital augmenté de ces mêmes intérêts. Soit une dette de 20,000 fr. produisant 1,000 fr. d'intérêts par an. Elle pourra réclamer tout d'abord les 20,000 fr. de capital et les 1,000 fr. d'intérêts; puis le débiteur principal lui devra, de plein droit, les intérêts de 21,000 fr., s'il ne paie pas immédiatement. Vis-à-vis d'elle, cette somme ne se décompose pas en principal et en intérêts, mais représente un seul et même capital, qu'elle a été obligée de débourser en une seule fois.

Les dommages-intérêts pourront, du reste, excéder le taux légal, ce qui est une faveur absolument contraire aux principes généraux en matière de sommes d'argent que le débiteur est en retard de payer.

Quant aux frais, la caution n'aura de recours que si elle a dénoncé les poursuites au débiteur.

Les règles que nous venons d'exposer s'appliquent, sans difficulté, à la caution, mandataire du débiteur, mais en est-il de même, quand elle a cautionné le débiteur à son insu ?

Il y a, on le sait, une grande différence entre les droits d'un mandataire et ceux d'un *negotiorum gestor*. Le premier peut réclamer toutes les dépenses qu'il a faites en remplissant son mandat, tandis que les dépenses utiles sont seules remboursées au second. Faut-il, dans l'espèce, appliquer ces principes? Nous le pensons, et nous croyons que le juge devra apprécier, pour accorder des intérêts au *negotiorum gestor*, si, en fait, son intervention, comme caution, a été utile.

Que faudra-t-il décider si la caution est intervenue malgré le débiteur? En fait, il est possible que le juge y voie une donation et qu'il n'accorde, par conséquent, aucun recours. Mais il ne faut pas présumer une libéralité, et on doit, en règle générale, admettre un recours fondé, non sur un mandat ni sur une gestion d'affaires, mais dérivant de ce principe que nul ne doit s'enrichir aux dépens d'autrui. Le *criterium*, pour en déterminer le montant, sera le maximum de l'enrichissement du débiteur principal, et non plus celui de l'appauvrissement de la caution. Les intérêts ne courront pas de plein droit à son profit et ne dépasseront jamais le taux légal.

Nous venons de voir que la caution, qui a payé, peut intenter contre le débiteur une action de mandat, de gestion d'affaires ou *de in rem verso;* ajoutons, avec l'article 2029, que, par application de l'article 1251, 3°, elle sera, de plus, subrogée aux droits du créancier désintéressé par elle.

Le Code a été ainsi plus favorable à la caution que l'ancien droit. Autrefois, elle devait formellement exiger la subrogation, qui aujourd'hui lui est accordée de plein droit, sans qu'elle ait besoin de la requérir du créancier, avant de le payer. Ce bénéfice est tellement important aux yeux de la loi, qu'elle décide (art. 2037) que si, par le fait du créancier, la subrogation au profit de la caution est devenue impossible, celle-ci est déchargée.

Elle avait, en effet, compté sur tous les avantages qu'offrait la créance primitive pour assurer l'efficacité de son recours.

La caution, comme nous venons de le voir, qui paye le créancier est subrogée à tous ses droits (art. 2029). Le tiers-détenteur d'un immeuble hypothéqué est également subrogé à ces mêmes droits, s'il paye. Que va-t-il arriver si le débiteur qui a fourni une garantie personnelle, — soit une caution, et une garantie réelle, — soit une hypothèque, devient insolvable après avoir aliéné l'immeuble hypothéqué? Le créancier pourra évidemment poursuivre à son choix, ou la caution, ou le tiers-détenteur de l'immeuble.

S'il s'est fait payer par la caution, celle-ci, en vertu des articles 1251 3° et 2029, aura contre le tiers-détenteur l'action même du créancier. Si, au contraire, le tiers-détenteur, sommé de délaisser ou de payer, a préféré payer, il aura action contre la caution, aux termes de l'article 1251 2°. Mais qui supportera, en définitive, le fardeau de la dette, car il faut sortir de ces antinomies; autrement ce serait favoriser la fraude? Il y a, sur ce point, deux systèmes que nous allons exposer rapidement.

Suivant les uns, c'est la caution qui doit, en définitive, supporter la perte. Elle ne pourra recourir contre le tiers-détenteur; celui-ci, au contraire, aura action contre elle.

On invoque, à l'appui de cette opinion, la décision de Pothier, qui dit formellement que le tiers-détenteur est subrogé contre la caution (Cout. d'Orléans, t. XX, n° 42), et on ajoute que telle était aussi la pensée des rédacteurs du Code.

En effet, quand la caution poursuivie par le créancier oppose le bénéfice de discussion, elle ne peut lui indiquer les immeubles hypothéqués à la dette, qui sont entre les mains du tiers-détenteur. (Art. 2023.) — A l'inverse, le tiers-détenteur peut désigner au créancier les immeubles hypothéqués à la dette, qui sont entre les mains des débiteurs principaux (art. 2170); or la caution, par rapport au tiers-détenteur, est un débiteur principal.

Le législateur préfère donc le tiers-détenteur à la caution et, dès lors, pour se conformer à cette idée, il faut faire supporter, en définitive, la dette à la caution. Le Code est, d'ailleurs, très-favorable à la circulation des biens.

D'autres personnes pensent, au contraire, qu'en principe, du moins, la dette doit être payée définitivement par le tiers-détenteur. Ce second système distingue deux hypothèses : celle où le tiers-détenteur a acquis l'immeuble hypothéqué du débiteur et celle où il a lui-même, hypothéqué son immeuble pour le débiteur.

Premier cas. Le tiers-détenteur a acquis du débiteur l'immeuble hypothéqué. La caution sera alors subrogée contre le tiers-détenteur, mais jamais celui-ci ne le sera contre la caution.

On fait valoir une considération bien puissante, à notre sens, en faveur de la caution. Elle rend service, et il ne faut pas qu'elle en éprouve préjudice, sous peine d'empêcher tout cautionnement. Quelle est la position du tiers-détenteur, qui a acheté l'immeuble hypothéqué, ou à qui il a été donné par le débiteur? S'il est acquéreur à titre gratuit, *certat de lucro captando ;* tandis que la caution *certat de damno vitando*. Si, au contraire, il est acquéreur à titre onéreux, de deux choses l'une : ou il n'a pas encore payé son prix, et alors il est juste qu'il le paie ; ou il l'a payé sans purger l'hypothèque, et alors il est en faute. Cette faute doit retomber sur lui et non sur la caution qui n'a rien à se reprocher.

Pour réfuter l'argument tiré de l'ancien droit, on fait remarquer que, sur ce point, Pothier s'est contredit lui-même. (*Traité des oblig.* N° 555). Passons donc.

Quant à l'objection qui s'appuie sur la combinaison des articles 2023 et 2170, elle manque de base. Il faudrait, en effet, démontrer que, dans l'article 2170, le législateur a entendu désigner par ces mots « débiteurs principaux » non-seulement les débiteurs solidaires, mais aussi les cautions. Ajoutons que le motif pour lequel la caution ne peut renvoyer le créancier contre le tiers détenteur (art. 2023) n'a pas été, comme le démontrent les travaux préparatoires, la protection plus grande que le législateur accordait au tiers-détenteur. Non, il a voulu éviter au créancier un retard dans l'obtention du paiement.

Arrivons maintenant au second cas. Le tiers détenteur a hypothéqué son immeuble à la dette du débiteur principal.

Le cautionnement est-il postérieur à la constitution d'hypothèque, la caution, ayant accédé à une dette ainsi garantie, a dû compter sur cette sûreté réelle pour se faire indemniser, si elle était contrainte au paiement. Elle aura donc un recours contre le tiers-détenteur.

Si la constitution d'hypothèque avait été, au contraire, précédée par le cautionnement, la préférence appartiendrait au tiers-détenteur.

Enfin si les deux sûretés avaient été données à la même date, les deux débiteurs accessoires, ayant voulu fortifier le crédit du débiteur principal, *certant de damno vitando*, et ils doivent contribuer au paiement de la dette, comme le feraient deux cautions. (Art. 2033.)

Supposons maintenant que la dette hypothécaire dont il s'agit soit garantie par un cautionnement et qu'il y ait dans les mains de la caution un immeuble hypothéqué à cette même dette. Le tiers détenteur pourra-t-il demander la discussion de l'immeuble?

Nous n'hésitons pas à admettre la négative. L'article 2170 ne donne, en effet, au tiers-détenteur le pouvoir de s'opposer à la vente de l'immeuble hypothéqué qui lui a été transmis que quand il y en a d'autres hypothéqués à la même dette en la possession des principaux obligés. Or la caution n'est pas un principal obligé, puisqu'elle a toujours un recours quand elle s'est acquittée.

Si l'on admettait la théorie contraire, la caution qui paierait le créancier exercerait par subrogation l'action hypothécaire de celui-ci contre le débiteur et, par suite, aurait le droit d'attaquer le tiers détenteur. On arriverait ainsi à des résultats contradictoires.

Assurément les textes ne sont pas tous en harmonie, mais ils s'expriment d'une manière plus explicite en faveur de la caution. Le tiers-détenteur, qui acquiert un immeuble hypothéqué, doit s'attendre à supporter le fardeau de l'hypothèque. S'il l'a acquis gratuitement, la caution qui rend service doit être préférée. S'il est acheteur, pourquoi a-t-il payé sans purger ? Nous nous en tenons donc au texte très-logique de l'article 2170.

L'action que la subrogation procure à la caution lui sera-t-elle plus avantageuse que celle de mandat ou de gestion d'affaires qu'elle a de son chef? Cela dépend des circonstances. Parcourons quelques espèces.

Si le débiteur est insolvable, par l'action de mandat, la caution n'obtiendra qu'un dividende souvent minime ; mais si le créancier avait exigé des garanties, une hypothèque, par exemple, elle pourra s'en prévaloir et parer ainsi aux conséquences fâcheuses de l'insolvabilité du débiteur.

A l'inverse, quand la caution agit par l'action qui lui est propre, les intérêts courent de plein droit à son profit. Elle peut même les obtenir au-dessus du taux légal et exercer son action pendant trente ans, à partir du paiement. Lorsqu'elle n'aura acquitté qu'une partie de la dette, elle aura la faculté de se présenter concurremment avec le créancier, pourvu qu'elle n'invoque pas la subrogation à cause de la règle *nemo contra se subrogasse censetur*.

L'article 2030 décide que la caution qui a cautionné

tous les débiteurs solidaires d'une même dette a, contre chacun d'eux, le recours pour la répétition du total de ce qu'elle a payé. Mais *quid*, si elle n'en avait cautionné qu'un seul, *Primus*, par exemple?

Il est évident qu'elle aura son recours contre lui pour le tout; mais elle ne pourra poursuivre l'autre codébiteur solidaire, *Secundus*, que jusqu'à concurrence de moitié.

Ceci résulte *à contrario* de notre article, et de ce que la caution s'est soumise à toutes les conséquences de l'obligation de *Primus*. Elle n'a pas plus de droits que lui; or, s'il avait payé, il n'aurait pu demander à *Secundus* que la moitié de la dette. La position de ce dernier ne doit pas être, du reste, empirée parce qu'il a plû à *Primus* de donner une caution au créancier.

Certaines personnes ne tirent pas d'argument *à contrario* de notre article, et soutiennent que la caution pourrait recourir pour le tout contre *Secundus*.

Elles invoquent, à l'appui de leur opinion, le 3° de de l'article 1251. La caution étant tenue — avec *Secundus*, aussi bien qu'avec *Primus* — au paiement de la même dette, doit être subrogée, de plein droit, à l'action du créancier.

On répond : l'article 1251 pose seulement ce principe général qu'il y a subrogation dans l'espèce, mais il est complètement muet sur les effets qui en découlent. Contre qui, dans quelles limites, le subrogé pourra-t-il agir? Ce sont autant de questions qu'il ne tranche pas le moins du monde.

Cependant, objecte-t-on, la subrogation légale doit produire les mêmes effets que la subrogation conventionnelle. Or si la caution s'était fait subroger, en vertu d'une convention, à tous les droits du créancier, elle pourrait très-certainement poursuivre *Secundus* pour le tout.

Nous ferons remarquer que c'est une pure pétition de principe, puisque nous nous appuyons précisément sur l'argument tiré *à contrario* de l'article 2030, pour prouver que la subrogation légale ne produit pas les mêmes effets que la subrogation conventionnelle.

Etudions maintenant les deux hypothèses prévues par l'article 2031.

On suppose d'abord que la caution a payé une dette valable, sans en donner avis au débiteur principal. Le créancier, qui est peu scrupuleux, s'adresse ensuite au débiteur, et celui-ci, ignorant l'extinction de la dette, paie à son tour.

La caution a bien contre le créancier qui a reçu deux fois ce qui lui était dû, une *condictio indebiti;* mais s'il a dissipé l'argent, s'il est insolvable, sur qui devra retomber la perte? Sur la caution qui a payé sans avertir le débiteur principal. Elle est en faute et elle n'aura aucune action contre lui.

Deuxième cas. Le débiteur aurait pu faire déclarer la dette éteinte, mais la caution paie sans être poursuivie et sans le prévenir. Par la même raison que tout à l'heure, c'est sur la caution que retombera l'insolvabilité de celui qui a reçu l'indû.

Supposons la dette éteinte, non par un paiement, mais *alio modo*, la caution pourra-t-elle recourir contre le débiteur? Il faut faire une distinction.

La dette a été éteinte à titre onéreux, la caution ayant opposé, par exemple, la compensation au créancier. Il est évident qu'elle pourra recourir contre le débiteur, car c'est exactement comme si elle avait déboursé la valeur de la créance qu'elle a opposée en compensation.

Que décider si le créancier lui abandonne tous ses droits? La caution qui n'a pas payé aura-t-elle action contre le débiteur? C'est une question de fait, il faut voir quelle a été l'intention du créancier en faisant cette libéralité à la caution. A-t-il voulu l'avantager exclusivement? Elle pourra poursuivre le débiteur. Son but était-il, au contraire, de les libérer l'un et l'autre? La caution n'aura aucun recours.

III. *Du cautionnement proprement dit.*

Le cautionnement proprement dit ou fidéjussion est une convention entre le créancier et la caution par laquelle celle-ci s'engage à désintéresser le créancier si le débiteur principal ne le fait pas lui-même.

Cette convention apparaît sous la forme de contrat accessoire, et ne peut se comprendre sans l'existence d'une dette principale.

Du principe que le cautionnement est un contrat accessoire, il résulte un grand nombre de dispositions que nous allons étudier successivement.

1° « Le cautionnement ne peut exister que sur une obligation valable. » (Art. 2012.)

Il est clair, en effet que, si le principal est nul, l'accessoire l'est également. On ne peut garantir le néant. Du reste, déclarer une obligation nulle, et permettre de la cautionner, eût été absurde, puisqu'après avoir payé la dette, la caution exercerait un recours contre le débiteur qui ne profiterait en aucune façon de la nullité de l'obligation.

Cependant si l'obligation n'est pas radicalement nulle; si elle a, quoique imparfaite, une certaine existence dans la loi; si sa nullité est fondée non pas sur l'absence d'un des éléments essentiels à sa validité, comme le défaut de cause ou d'objet, mais sur des raisons personnelles au débiteur, sur sa minorité, par exemple, elle peut être valablement cautionnée. Le débiteur pourra invoquer la nullité de son obligation et la caution ne le pourra pas.

Quand l'obligation est entièrement valable, dans les cas ordinaires, la caution court toujours le risque de l'insolvabilité du débiteur. Dans les obligations annulables, elle pourra recourir, sans doute, contre le débiteur, mais seulement dans la limite où il est obligé. L'exception de nullité qu'il pouvait opposer au créancier, il pourra l'invoquer contre la caution pour se décharger de son obligation. Il résulte de là que le recours de la caution qui a payé une obligation annulable, pourra être paralysé, s'il plaît au débiteur principal. C'est, du reste, pour être garanti contre cette rescision possible de l'obligation que le créancier a exigé l'intervention d'un tiers qui lui a promis de le protéger si ses craintes se réalisaient.

Lorsque le créancier poursuit ses droits, il peut se voir opposer trois sortes de défenses :

1° Des exceptions qui, étant personnelles au débiteur principal, ne peuvent être invoquées que par lui, comme l'exception de minorité.

2° Des exceptions personnelles à la caution. — Telle serait la remise du cautionnement qu'elle a obtenue du créancier, sa minorité, son interdiction, ou la créance qu'elle pourrait opposer en compensation ;

3° Enfin, des exceptions communes au débiteur et à la caution. Elles sont fondées sur l'inexistence ou sur l'extinction de la dette. Ainsi la caution, contre le débiteur principal, peut se défendre en établissant que la dette est nulle, faute de cause ou d'objet, ou bien qu'elle est éteinte par le paiement, par une novation, etc.

Sortons maintenant de l'hypothèse prévue par la loi, et supposons une obligation consentie non par un incapable, mais par une personne dont le consentement a été donné par erreur, surpris par dol ou arraché par violence. D'après les principes que nous venons d'exposer, nous devons décider qu'on peut valablement cautionner cette dette annulable.

Une telle obligation n'est pas absolument nulle, dit M. Treilhard, en exposant les motifs de la loi, c'est une obligation simplement annulable. La loi permet, en effet, de la ratifier et on ne ratifie pas le néant (art. 1304-1338) ; elle peut faire l'objet d'un paiement valable, et il ne saurait y avoir de paiement là où il n'existe ni dette civile, ni dette naturelle. Or, si elle peut faire l'objet d'un paiement valable, elle peut être cautionnée, car une caution s'engage tout simplement à payer une dette. Cette obligation est donc valable, absolument comme celle qui a été contractée par un incapable. Dans les deux cas, le débiteur principal ne peut se défendre que par une exception. Comment la violence affecterait-elle plus l'obligation que le défaut d'âge ou la folie? La loi n'applique-t-elle pas sans cesse les mêmes règles à toutes ces obligations? Pourquoi veut-on faire une exception dans ce cas particulier?

La seule différence qu'il y ait entre le cautionnement de la dette contractée par un incapable, et celui d'une dette entachée de violence, de dol ou d'erreur, c'est que, dans le premier cas, la caution ne saurait prétendre qu'elle a ignoré l'incapacité du débiteur, tandis que, dans le second, elle peut prouver qu'elle ignorait le vice qui rendait annulable l'obligation principale. Elle se défendrait alors par une exception qui lui est personnelle.

Une dette de jeu n'a pas de valeur en justice. L'article 1695 proscrit absolument la poursuite d'une pareille dette, elle est donc nulle et, par suite, le cautionnement ne peut la garantir. Il est vrai que la loi, dans l'article 1697, en interdit la répétition lorsqu'elle a été volontairement payée et qu'en lui attribuant ainsi le caractère principal d'une obligation naturelle, elle semble la regarder comme telle. Il n'en est rien cependant. Si on ne peut répéter une dette de jeu, c'est parce que le législateur ne veut pas que le juge ait à statuer sur la demande de celui qui, en jouant, a méconnu lui-même la loi qu'il invoque. D'ailleurs, si on pouvait cautionner une pareille dette, la protection que la loi accorde au joueur en lui permettant de ne pas payer, s'évanouirait le plus souvent. On exigerait la promesse d'un tiers en même temps que la sienne, et, quand la caution aurait payé, il serait tenu de l'indemniser.

L'obligation naturelle était susceptible d'être garantie par un fidéjusseur en droit romain. C'était la doctrine de notre ancien droit français, et il faut encore l'admettre aujourd'hui. Ce n'est pas une obligation complètement nulle; car, quoiqu'elle soit imparfaitement valable, elle peut être payée par le débiteur ou par un tiers. Elle peut donc être cautionnée.

La clause portant que le vendeur renonce à l'action en rescision pour cause de lésion est nulle. Cette renonciation ne pourrait, par conséquent, être l'objet d'un cautionnement valable. Une telle clause est, en effet, infectée du même vice que le contrat de vente lui-même, car le vendeur, pressé d'avoir l'argent qu'il attend si impatiemment, accepte toutes les conditions que l'acheteur lui impose.

La vente d'un fonds dotal faite par la femme seule ou autorisée de son mari peut être cautionnée. Cette aliénation a été, en effet, consentie par le véritable propriétaire; elle n'est pas radicalement nulle, mais annulable, puisqu'elle est affectée d'un vice qui tient à la capacité du vendeur.

L'aliénation qui émane du mari seul est, au contraire, absolument nulle, car elle a été consentie par une personne qui, n'étant pas propriétaire, n'a pu aliéner. Une telle vente n'est donc pas susceptible d'être cautionnée.

Les explications qui précèdent ne sont que le développement de la règle formulée par l'article 2012 : le cautionnement suppose une obligation valable, peu importe la nature, l'origine ou l'objet de cette obligation.

On peut aussi cautionner une obligation accessoire, celle d'une caution, par exemple. La caution d'une caution s'appelle certificateur de caution.

L'obligation principale consistera souvent à délivrer un corps certain qui est en la puissance du débiteur, ou à accomplir un acte que seul il peut utilement exécuter. Quel sera le rôle de la caution, si le principal obligé ne veut pas ou ne peut pas remplir son engagement? En principe, elle doit la chose même qu'a promise le débiteur principal ; mais, quand c'est impossible, il faut décider qu'elle a cautionné, non pas précisément l'obligation telle qu'elle était contractée, mais telle qu'elle devait résulter du refus du débiteur à l'exécuter, c'est-à-dire transformée en dommages-intérêts.

Deuxième conséquence de ce que le cautionnement est un contrat accessoire. Une fois que ce contrat est formé, il ne dépend ni du débiteur, ni du créancier, ni de tous les deux agissant de concert, de rendre plus mauvaise la situation de la caution.

Supposons, par exemple, que le créancier dont les droits étaient subordonnés à l'arrivée d'un terme prochain, autorise le débiteur à se libérer plus tard que l'échéance primitive, quelle est, dans cette hypothèse, la situation de la caution? La prorogation du terme lui sera-t-ele opposable quoiqu'il puisse en résulter pour elle une gêne, momentanée tout au moins? L'art. 2039 dit que cette simple prorogation du terme n'est pas opposable à la caution, qui a le droit d'être traitée comme si elle n'avait pas été accordée. Ce répit consenti par le créancier modifie bien, en effet, l'engagement du débiteur, mais non celui de la caution, ce que ni le créancier, ni le débiteur ne pourrait faire.

La caution sera-t-elle déchargée vis-à-vis du créancier? Non, le cautionnement continuera à produire ses effets, d'après le contrat primitif. Ce n'est que dans les cas prévus par l'article 2032 que la caution peut recourir contre le débiteur avant d'avoir été obligée de payer. Mais elle pourra exiger qu'on la mette à l'abri du danger provenant de cette prorogation de paiement. Elle demandera une hypothèque, une nouvelle caution, et, à l'échéance primitive de la dette, elle agira, en vertu de son contrat de cautionnement qui n'a pas été altéré, contre le débiteur pour le forcer au paiement.

Examinons maintenant les cas exceptionnels où la caution, même avant d'avoir payé, peut agir contre le débiteur. Ils sont tous fondés sur cette idée, que les Romains formulaient ainsi : « Melius est intacta jura servari, « quam post causam vulneratam remedium quærere. »

L'article 2032 applique ce principe dans les cinq hypothèses qui suivent :

1° Lorsque la caution est poursuivie en justice pour le paiement, car elle s'est engagée moins dans la pensée de payer que de fortifier le crédit du débiteur. D'autre part, celui-ci n'a pas pu raisonnablement espérer que la caution subirait patiemment les poursuites dirigées contre elle : il n'a dû compter que sur le crédit qu'elle lui a procuré. C'était, du reste, l'unique but de la caution. Mais dès qu'elle commence à être inquiétée par les menaces du créancier, les choses en viennent à un point qu'elle n'avait pas prévu. La loi lui permet alors d'agir en justice contre le débiteur. En fait, cette faveur sera presque toujours illusoire, puisqu'elle n'arrête pas les poursuites. Elle peut cependant offrir certains avantages, si le débiteur a, par exemple, le moyen de faire annuler la dette. En tous cas, le même jugement condamnera, à la fois, la caution à payer et le débiteur principal à l'indemniser ;

2° Lorsque le débiteur a fait faillite ou est tombé en déconfiture.

Tant que le débiteur est solvable, la caution ne court aucun risque : le créancier ne l'inquiétera pas. Mais s'il est déclaré en faillite, elle sait bien qu'elle sera poursuivie. Le créancier s'adressera certainement à elle, et elle sera forcée de payer, d'où le recours que la loi lui accorde. Elle pourra donc se présenter à la faillite, si le créancier ne produit pas au passif, et, le plus souvent, elle n'obtiendra qu'une somme inférieure à celle qu'elle avait garantie; aussi devra-t-elle la compléter *de suo*. Il faut remarquer que la caution continue de jouir du bénéfice du terme. (Art. 444 C. com.)

3° Il y a encore ouverture au recours anticipé de la caution, lorsque le débiteur s'est obligé à lui rapporter, dans un certain temps, la décharge du cautionnement et que ce délai est expiré, car elle a pu calculer approximativement la solvabilité du débiteur pendant ce laps de temps. Aussi celui-ci devra-t-il payer son créancier ou obtenir de lui qu'il renonce au cautionnement.

4° L'obligation principale est devenue exigible par l'échéance du terme sous lequel elle avait été contractée.

Les sûretés réelles ou personnelles ne se comprennent que pour les dettes non actuellement exigibles. La nécessité d'attendre expose le créancier à des risques, contre lesquels il cherche des garanties : par exemple, il demande une caution. Le jour du terme, le créancier a le droit d'agir contre la caution dont les prévisions sont dépassées puisqu'elle n'était intervenue que pour fortifier le crédit du débiteur. Aussi a-t-elle un recours contre lui.

5° La dernière hypothèse prévue par notre article est celle où l'obligation, n'ayant pas de terme fixe d'échéance, a duré dix ans. La loi suppose que la caution n'a pas entendu rester indéfiniment exposée aux risques de l'insolvabilité du débiteur; aussi, au bout de dix ans, lui permet-elle d'agir contre ce dernier pour exiger sa décharge.

Ce droit n'est pourtant pas absolu. Quand l'obligation, sans être d'une durée préalablement connue, est de nature à s'éteindre nécessairement dans un temps déterminé, la caution qui n'ignorait pas ce danger, ne pourra pas demander à être indemnisée avant l'expiration de ce terme incertain, quelle que soit, du reste, sa durée.

Une première raison apparaît tout d'abord pour motiver cette exception : la caution a su à quoi elle s'obligeait, elle n'ignorait pas qu'elle demeurerait tenue tant que l'époque indéterminée dont il s'agit ne serait pas arrivée. Elle ne peut donc pas se plaindre de la durée de son engagement. Mais une autre raison plus impérieuse s'opposait à ce que la caution eût un recours anticipé.

En effet, le fidéjusseur, en demandant au débiteur principal sa décharge, exigerait l'impossible, car la nature de la dette ne permet pas à celui-ci de l'éteindre. Ainsi pour prendre l'exemple que nous donne l'article 2032, le fidéjusseur d'un tuteur ne pourrait pas demander à être déchargé avant la fin de la tutelle, lors même que cette tutelle durerait plus de dix ans.

Nous avons à nous demander si l'énumération de l'article 2032 est énonciative ou limitative. La réponse est facile.

La règle en matière de cautionnement est que le fidéjusseur n'a pas de recours avant d'avoir payé (art. 2028). Si cette règle fléchit, c'est seulement dans les cas énoncés par l'art. 2032, et, pour interpréter sainement la loi, on ne doit pas étendre les exceptions faites par elle à une règle générale précédemment posée. D'ailleurs, l'art. 2033, qui évidemment s'exprime en termes limitatifs, ne pourrait pas garder son caractère restrictif si l'art. 2032 n'était pas renfermé dans ses termes exprès.

Quel est l'objet du recours qu'exerce la caution dans cette poursuite anticipée contre le débiteur?

Elle ne peut évidemment pas exiger le versement entre ses mains du montant de ce qui est dû au créancier. Le débiteur ne saurait être exposé à payer deux fois, et il n'y a de remboursement possible sans un paiement effectif. Aussi l'article 2032 porte-t-il que la caution devra être indemnisée, c'est-à-dire devra être mise à l'abri du dommage auquel l'expose la nécessité éventuelle de payer. Mais en quoi consiste cette garantie? Cela dépend des circonstances.

Le débiteur, par exemple, est en mesure de remplir ses engagements et le créancier ne fait aucune diligence Eh bien, la caution exigera du débiteur qu'il procède par des offres réelles de paiement suivies de consignation : elle n'aura ainsi rien à craindre.

Quelquefois elle demandera qu'une couverture soit mise entre les mains d'un tiers choisi à l'amiable. Nous avons vu qu'en cas de faillite, l'indemnité consistera en ce que la caution recevra un dividende qui la remboursera en partie de la somme qu'elle devra payer.

En un mot, la caution a le droit d'exiger de la justice toutes les garanties que les circonstances permettent de lui accorder pour la couvrir le plus possible.

On se demande si la caution, qui réclame sa décharge et n'obtient pas satisfaction du débiteur, peut payer elle-même le créancier et exercer ensuite son recours?

La question se pose en particulier lorsqu'un fidéjusseur a garanti le service d'une rente, et qu'au bout de dix ans, il n'est pas déchargé, malgré sa demande. Nous penchons pour la négative. La caution a simplement droit à une indemnité. Ce n'est pas à elle, mais au juge qu'il appartient de déterminer en quoi elle doit consister. Elle doit se contenter des droits et actions du créancier qui ne pouvait exiger le capital, l'action *mandati contraria* lui fait défaut. Autrement la condition du débiteur serait plus dure que si aucune caution n'était intervenue.

Si, au contraire, la caution payait sans attendre la décision du tribunal, elle n'aurait de recours contre le débiteur que dans la mesure du profit qu'elle lui a procuré. Elle n'aurait qu'une action de gestion d'affaires et elle ne pourrait invoquer le bénéfice de la subrogation légale, car ce qu'elle a payé est autre chose que ce à quoi elle était tenue pour le débiteur principal.

Nous pensons, du reste, que la caution ne peut profiter du bénéfice de l'art. 2032 que lorsqu'elle est véritablement mandataire du débiteur. Il nous semble, en effet, que ce bénéfice devrait être refusé à la caution qui est intervenue malgré le débiteur ou même seulement à son insu; car, dans ces deux cas, son recours anticipé pourrait faire tourner en préjudice le prétendu service qu'elle aurait rendu au débiteur.

Lorsque plusieurs personnes ont cautionné un même débiteur, pour une même dette, la caution qui a acquitté la dette a recours contre les autres cautions, chacune pour sa part et portion.

Mais, ajoute l'article 2033, ce recours n'a lieu que

lorsque la caution a payé dans l'un des cas énoncés en l'article précédent.

L'idée du législateur, par le dernier paragraphe, est facile à comprendre. Il n'a pas voulu que l'une des cautions payât intempestivement, n'étant pas forcée de le faire et vînt ensuite mettre le fardeau de la dette sur ses cofidéjusseurs.

Mais le rédacteur du Code n'a-t-il pas été trop loin et aurait-il dû accorder le recours dans tous les cas prévus par l'article 2032?

Assurément lorsque la caution a payé sur les poursuites des créanciers ou lorsque l'échéance est arrivée, elle a payé très-convenablement, et il est juste qu'elle puisse recourir contre ses cofidéjusseurs. En est-il de même lorsque le débiteur a fait faillite, puisqu'elle ne perd pas le bénéfice du terme; lorsque le débiteur s'est obligé à lui rapporter sa décharge dans un certain temps, puisque les autres cautions pourront lui objecter qu'elle n'était nullement obligée de payer; lorsqu'ayant cautionné le débiteur d'une rente, elle rembourse au bout de dix ans le capital, puisque ses cofidéjusseurs lui opposeront qu'elle ne devait que des arrérages et qu'elle ne peut leur demander le capital de la rente? Non assurément, et le renvoi de l'article 2033 est inexplicable, Dans ces dernières hypothèses, il est certain que le législateur a accordé un peu trop facilement le recours entre les fidéjusseurs.

Troisième conséquence du principe que l'obligation du fidéjusseur est une obligation accessoire : L'article 2013 la formule en ces termes : « Le cautionnement ne peut excéder ce qui est dû par le débiteur, ni être contracté sous des conditions plus onéreuses. » Il est, en effet, contraire à l'essence des choses que l'accessoire s'étende au delà du principal. Toutefois, le cautionnement, qui a été contracté sous des conditions plus onéreuses que l'obligation principale ou qui excède le montant de celle-ci, ne doit pas être considéré comme non avenu : il est seulement réductible au montant de la dette pour la sûreté de laquelle il a été fourni et aux modalités sous lesquelles il a été constitué.

Le plus s'estime non-seulement *quantitate*, mais encore *die*, *loco*, *conditione*, *modo*.

Quantitate. Il est clair que, si le débiteur principal s'est obligé à 1,000 seulement, le fidéjusseur qui se sera obligé à 2,000 ne sera tenu que pour 1,000 comme caution.

Die. Quand le fidéjusseur s'est obligé à payer dans un temps plus court que le débiteur.

Loco. Lorsqu'il promet de payer dans un lieu moins commode que celui où le débiteur doit se libérer.

Conditione. Si la caution promet purement et simplement ce que le débiteur doit sous condition suspensive.

Modo. Elle a promis conjointement deux choses que le débiteur doit sous une alternative.

Mais rien ne s'oppose à ce que le lien de droit soit plus étroit que celui du débiteur principal. Ainsi le débiteur étant mineur, la dette est rescindable en sa faveur, tandis qu'il n'est pas permis au fidéjusseur d'opposer la nullité. De même, le fidéjusseur qui a accédé à une obligation naturelle peut être contraint à payer, et le débiteur ne le fera que s'il le veut bien.

La caution peut aussi, quant aux moyens d'exécution que la loi met à la disposition du créancier, être plus rigoureusement tenue. Ainsi il lui est permis d'ajouter à la sûreté personnelle résultant du cautionnement une sûreté réelle, bien que le débiteur ne soit obligé que personnellement. L'hypothèque, par exemple, qui viendrait renforcer la garantie du cautionnement ne fera pas que la caution ait à payer quoi que ce soit au delà de la dette principale. D'un autre côté, la sûreté réelle n'aggrave pas les obligations de la caution, car elle n'a fait qu'affecter spécialement à la sûreté d'un seul créancier ce qui, sans cette détermination, eût été le gage commun de tous.

Si je promets, comme caution, de donner 100 mesures de froment à un créancier qui a stipulé de l'argent d'un débiteur, le contrat est nul, dit Javolenus, car j'ai promis autre chose que le principal obligé. Et pourtant je pourrais promettre de l'argent si le débiteur avait promis 100 mesures de froment. L'argent, étant l'estimation commune de toute chose, est considéré comme équivalant à du blé; tandis que, réciproquement, du blé n'est pas considéré comme équivalant à de l'argent. C'était la solution donnée par Pothier et nous l'admettrions encore aujourd'hui, pourvu qu'il soit bien entendu entre les parties que la somme d'argent, promise par la caution, est destinée à tenir lieu de la chose, dont elle représente la valeur. Et encore aurions-nous à faire une réserve. Si le prix du blé, au moment de l'exigibilité, s'était élevé, la caution ne devrait rien au-delà des 2000 livres qu'elle a promises; s'il s'était abaissé, elle ne devrait rien au-delà de la valeur actuelle des 100 mesures, puisque l'obligation du fidéjusseur ne peut être plus étendue que celle du débiteur principal.

Primus s'est obligé à livrer un corps certain. Un fidéjusseur, accédant à son obligation, a promis le même corps certain, ou 10; le cautionnement n'est pas régulier, puisque, si le corps certain périt par cas fortuit, le fidéjusseur devrait encore 10, tandis que le débiteur serait libéré. Il en serait autrement si cette somme de 10 n'avait été stipulée dans l'obligation qu'à titre de dommages-intérêts, dans l'intérêt de la caution, pour le cas où le corps certain ne serait pas livré par la faute du débiteur principal.

Il faut remarquer que l'article 2013 pose seulement une règle d'interprétation de la volonté de la caution. Il suppose qu'il y a eu inadvertance de sa part. Mais si, en fait, il est bien constaté qu'elle a promis à bon escient, sachant qu'elle s'engageait à plus que le débiteur principal, il faut décider qu'elle doit tout ce qu'elle a promis et qu'elle est tenue au delà du montant de la dette. Toutefois hâtons-nous d'ajouter que, pour ce surplus, elle ne joue plus le rôle de caution.

A l'inverse, le cautionnement peut être moins étendu que la dette principale. Notre article le dit formellement et on chercherait en vain une raison sérieuse pour s'opposer à une pareille convention.

Si la caution a déclaré tout simplement qu'elle intervenait pour le débiteur, quelle est l'étendue de ce cautionnement indéfini? L'article 2016 décide qu'il comprend même tous les accessoires de la dette. Par conséquent, la caution est responsable, non-seulement pour le principal, mais aussi pour les frais de poursuite et les intérêts.

Quant aux frais, l'article fait une distinction. Le cautionnement ne s'étend qu'à ceux de première demande et nullement aux frais faits ultérieurement par le créan cier sans que la caution ait été avertie de ces nouvelles poursuites. Elle peut lui dire : Puisque le débiteur était récalcitrant, pourquoi ne vous êtes-vous pas adressé à moi, avant de faire de nouveaux frais? Je vous aurais payé immédiatement. Supportez donc les conséquences de votre faute.

Il faudrait peut-être établir la même distinction en ce qui concerne les intérêts. Ainsi la dette ne produit pas d'intérêts; si, par une demande en justice contre le débiteur, le créancier les fait courir au taux légal, la caution n'en sera pas responsable, à moins que celui-ci ne l'ait prévenue.

Quatrième conséquence. L'obligation de la caution s'éteint de deux manières. Par voie de conséquence, lorsque l'obligation principale elle-même est éteinte, car c'est un contrat accessoire; puis directement par certains modes spéciaux.

Voyons d'abord l'article 2036 qui s'occupe des modes accessoires d'extinction.

La caution peut opposer au créancier toutes les exceptions qui appartiennent au débiteur principal et qui sont inhérentes à la dette. » Il faut entendre par là les moyens de défense fondés sur l'inexistence ou sur l'extinction de la dette.

L'article 2036 ajoute que la caution « ne peut opposer les exceptions qui sont purement personnelles au débiteur. »

Que faut-il entendre par ces mots : « exceptions purement personnelles au débiteur? » Ce sont celles qui lui appartiennent par suite des éléments constitutifs de sa personne juridique. Il était mineur quand l'obligation a pris naissance, il pourra bien exciper de son incapacité, mais la caution poursuivie opposerait vainement ce moyen de défense. Pourquoi? C'est que l'intervention de la caution a eu surtout pour but de protéger le créancier contre la rescision éventuelle de l'obligation.

Quant aux exceptions tirées uniquement de sa qualité de débiteur, comme le terme, par exemple, la caution pourra très-bien les opposer.

Parcourons rapidement les divers modes d'extinction des obligations.

Paiement. Il est évident que la caution peut l'invoquer pourvu qu'il soit fait sans subrogation.

Datio in solutum. La caution est libérée comme elle le serait par un paiement proprement dit.

Quid si le créancier est évincé de la chose donnée en paiement? L'article 2038 décide que, malgré l'éviction, la caution restera libérée.

Faut-il voir dans cette disposition une dérogation aux principes généraux, dérogation qui ne s'appliquerait pas aux autres accessoires de la créance, tels que les hypothèques, les priviléges, etc.?... Oui certainement, car la novation ne se présume pas, et nous pensons que, dans notre hypothèse, l'intention du créancier a été de ne se dessaisir de sa créance qu'à la condition d'être effectivement rendu propriétaire de la chose donnée en paiement. Au surplus, le doute seul suffirait pour exclure l'idée de novation (art. 1273).

Cette dérogation est fondée sur les services que la caution rend presque toujours gratuitement au débiteur.

Novation. Elle pourrait même être conditionnelle. (1281.)

Remise de la dette. Si la caution n'était pas libérée,

elle serait forcée de payer, elle recourrait alors contre le débiteur qui ne profiterait pas de la remise.

Il faut supposer que la remise a été faite dans un esprit de libéralité ; autrement elle serait toujours tenue, si le créancier y avait été contraint et forcé.

Ainsi, en matière de faillite, dans l'hypothèse d'un concordat, le créancier remet au failli une partie de sa dette, mais l'article 545, C. com. décide avec raison que la caution ne pourra pas se prévaloir de cette remise. S'il en était autrement, la caution s'évanouirait précisément dans le cas en vue duquel on l'a fait intervenir.

Compensation. La caution peut se prévaloir de la compensation survenue entre le créancier et le débiteur principal (art. 1294). Jusqu'à concurrence de la plus faible des deux sommes, la dette est éteinte : le cautionnement est éteint, lui aussi, dans la même proportion. Le fidéjusseur peut invoquer cette compensation, alors même que le débiteur aurait renoncé à l'opposer, car elle opère de plein droit et nonobstant toute convention contraire, l'extinction des deux dettes.

Confusion. La caution est évidemment libérée, lorsqu'elle a lieu soit entre le débiteur et le créancier, soit entre elle et le créancier, soit entre elle et le débiteur.

Il faut supposer, dans cette dernière hypothèse, que le débiteur et la caution étaient tous deux tenus aussi efficacement. Si le débiteur n'était tenu que naturellement, par exemple, et la caution *civiliter* l'obligation de celle-ci, étant *plenior*, subsisterait.

Supposons que la caution ait donné certaines garanties au créancier, une hypothèque, par exemple, est-ce que, si elle succède au débiteur, ces accessoires disparaîtront avec le principal, en vertu de l'adage : *Accessorium sequitur principale?* Non, et l'article 2035 a été rédigé précisément pour abroger les distinctions subtiles que faisait le droit romain sur ce point.

Perte de la chose due. — Si c'est un corps certain et qu'il ait péri par cas fortuit, le débiteur principal et la caution sont libérés.

S'il y a eu faute de la part du débiteur seulement, la caution n'en reste pas moins tenue, car elle s'est rendue responsable de tous ses actes.

Si la caution seule est en faute, le débiteur est libéré, car il n'est pas responsable de sa caution, et celle-ci doit des dommages-intérêts.

Prescription. — Elle ne peut être invoquée par la caution de son propre chef, puisque, aux termes de l'article 2250, les événements qui interrompent la prescription contre le débiteur principal, l'interrompent en même temps contre la caution.

Nous croyons, au contraire, que l'interpellation adressée au fidéjusseur n'est interruptive ni envers le débiteur que la caution ne représente pas, quand il s'agit de rendre sa condition pire, ni vis-à-vis de la caution elle-même, car aucune interruption ne peut se concevoir contre elle, puisque, de son chef, elle est incapable d'acquérir le bénéfice de la prescription.

Mais la caution peut invoquer la prescription du chef du débiteur principal, alors même qu'il garde le silence.

Serment. — S'il porte sur le fait du cautionnement et s'il est prêté par le fidéjusseur, il le libère.

S'il porte sur l'existence de la dette principale elle-même, le serment prêté par la caution éteint et l'obligation principale et l'obligation accessoire (art 1365). La caution a mandat du débiteur, quand il s'agit de faire un acte qui doit être profitable.

Prêté par le débiteur principal, le serment libère la caution en même temps que le débiteur lui-même.

Il nous reste à étudier l'article 2037 qui indique un mode remarquable d'extinction du cautionnement.

Nous l'avons déjà dit, lorsque la caution est intervenue, elle a entendu être subrogée au créancier pour le cas où elle paierait, et elle a pris en grande considération les accessoires de la dette, qui rendaient plus efficace l'action du créancier.

On suppose, dans notre article, que celui-ci a fait remise au débiteur d'une hypothèque ou d'un privilége qui garantissait la dette — et qu'il se retourne contre la caution pour la forcer de payer. Celle-ci lui répond, notre article à la main : « Je ne vous paierai pas, parce que, contre toutes mes prévisions, vous m'avez privée de l'hypothèque ou du privilége qui aurait rendu mon recours très-facile. »

Il n'y a pas à distinguer si la perte des accessoires de la créance est la conséquence d'un acte positif de la part du créancier ou d'une simple négligence, puisque la loi est conçue en termes généraux.

Notre article est la conséquence de l'idée de subrogation. Il donne à la caution une espèce d'exception *cedendarum actionum*. « Vous vous êtes mis, dit-elle, dans l'impossibilité de me céder vos actions, comme vous le deviez, je ne vous paierai pas. »

EFFETS DU CAUTIONNEMENT.

La caution est tenue, en même temps que le débiteur principal, de la totalité de la dette, mais cette règle rigoureuse est tempérée par plusieurs adoucissements, qui mettent la caution dans une situation beaucoup plus favorable que le débiteur solidaire.

Si nous relisons l'article 2011 qui formule l'obligation de la caution, nous voyons qu'elle promet de payer, si le débiteur ne paie pas. Mais remarquons qu'elle est engagée purement et simplement—quoique d'une façon subsidiaire — et non sur la condition que le débiteur interpellé ne paiera pas. Elle peut être, en effet, poursuivie *de plano*, et j'en trouve la preuve dans l'article 2022 aux termes duquel le créancier n'est obligé de discuter le débiteur principal que quand la caution le requiert sur les premières poursuites dirigées contre elle.

L'article 2021, qui s'explique par cette idée que la caution n'est tenue que subsidiairement, si le débiteur ne paie, accorde à celle-ci ce que l'on appelle le bénéfice de discussion.

Discuter quelqu'un signifie, dans la langue juridique, rechercher si ses biens suffisent au paiement de sa dette, ce qui explique leur saisie et leur vente jusqu'à épuisement de ses facultés ou de ce qu'il doit. La loi permet à la caution poursuivie de renvoyer le créancier discuter d'abord les biens du débiteur, et de ne payer que si celui-ci ne satisfait pas entièrement à son obligation. On donne aussi à ce bénéfice le nom de bénéfice d'ordre, parce qu'il établit un certain ordre dans les poursuites.

Le législateur a voulu faire payer avant tout celui qui doit supporter, en définitive, le fardeau de la dette; car la caution n'est intervenue que pour fortifier le crédit du débiteur. Il était bien plus simple que le créancier s'adressât d'abord au débiteur, pour éviter le recours de la part de la caution.

Ce bénéfice n'est pas d'ordre public, puisqu'on peut y renoncer, et il ne doit pas être appliqué d'office par le juge.

Quatre conditions sont nécessaires pour que la caution puisse l'invoquer :

Première condition. Il faut qu'elle n'y ait pas renoncé. En fait, il est de style que la caution y renonce; car le créancier a tout intérêt à obtenir immédiatement son paiement quand il recourra contre elle.

La renonciation tacite à ce bénéfice a lieu lorsque la caution s'est obligée solidairement avec le débiteur. Dans ses rapports avec celui-ci, il y a cette différence entre elle et un véritable débiteur solidaire que, quand elle aura payé, elle aura recours pour le tout contre le débiteur, tandis que, s'il y avait solidarité, la dette se partagerait entre les deux débiteurs.

Mais, dans ses rapports avec le créancier, elle joue le rôle d'un véritable débiteur solidaire; car les termes de l'art. 2021 l'y assimilent en termes généraux, sans faire aucune distinction. Elle ne pourra donc pas renvoyer le créancier au débiteur principal.

Ajoutons que la loi, afin de garantir plus sûrement la prompte exécution des jugements, refuse le bénéfice de discussion à la caution judiciaire.

La *deuxième condition*, c'est d'opposer le bénéfice *in limine litis*, c'est-à-dire avant toute défense au fond.

C'est l'application pure et simple de l'art. 186, C. pr.

Devrons-nous appliquer ce principe lorsque la caution, au lieu de nier l'existence de la dette, déclare qu'elle ne s'est jamais portée caution? Non, nous croyons qu'elle pourra soulever cette question avant d'opposer le bénéfice. Il est inhérent, en effet, à la qualité de caution, et il paraît raisonnable de décider qu'il faut préalablement savoir si elle est caution : *Prius est esse quam esse tale.*

Troisième condition. La caution doit indiquer au créancier les biens que le débiteur principal devra discuter. L'art. 2023, qui pose le principe, énumère ensuite les trois qualités que doivent avoir ces biens.

D'abord ils ne doivent pas être litigieux, c'est-à-dire qu'il ne doit y avoir ni procès ni contestation sur le fond du droit du débiteur principal; car le créancier ne serait pas sûr d'être payé. Puis, si ce sont des immeubles, ils ne doivent pas être situés hors du ressort de la Cour d'appel du lieu où le paiement doit être fait. Enfin, si le débiteur avait hypothéqué à la dette un de ses immeubles qui ne serait plus en sa possession, la caution ne pourrait pas renvoyer le créancier à discuter cet immeuble, parce que l'action hypothécaire contre les tiers-détenteurs est assujettie à une foule de formalités qui amèneraient beaucoup de lenteur dans la poursuite.

La discussion pourrait-elle porter sur les meubles du débiteur? Bien que l'art. 2023 parle de biens hypothéqués, de biens situés hors d'un certain lieu, nous croyons cependant que ses termes ne sont pas restrictifs. Si, en fait, le débiteur a des meubles suffisants, il n'y a pas de raison pour ne pas les discuter.

Enfin, il faut que la caution avance au créancier les deniers suffisants pour faire la discussion; car agir personnellement contre une caution solvable est bien moins coûteux que de procéder par voie de saisie contre un débiteur récalcitrant ou peu solvable. Il ne faut pas que le créancier soit en perte à cause de la caution.

Supposons maintenant que la caution, ayant rempli les conditions que la loi lui impose, le créancier ne se hâte pas d'agir, et que la situation du débiteur vienne à changer. Il était solvable au moment où la discussion a été opposée au créancier; il ne l'est plus, par suite de la négligence de ce dernier; à la charge de qui vont être les événements qui ont compromis la solvabilité du débiteur? A la charge du créancier. S'il avait été plus diligent, il aurait obtenu les trois quarts, par exemple, de ce qui lui était dû; il a été négligent, tant pis pour lui! il ne pourra recourir que pour un quart contre la caution.

Si, dans l'art. 2039, la caution ne peut reprocher sa négligence au créancier qui a accordé au débiteur une prolongation de terme, c'est qu'il n'y a pas l'idée de mandat, comme dans notre espèce. Lorsque la caution oppose le bénéfice de discussion, indique les biens à saisir et avance les deniers nécessaires, elle donne, en effet, mandat au créancier de discuter le débiteur, et celui-ci est coupable de ne pas l'avoir exécuté.

Ce qui précède suffit lorsqu'il n'y a qu'une seule caution; mais il peut arriver que le créancier en exige plusieurs. Il faut alors examiner la situation de ces co-cautions dans leurs rapports respectifs. Ce procédé n'est pas très-pratique; car les sûretés personnelles ne sont jamais d'une efficacité absolue à cause de l'insolvabilité possible des répondants. Cependant, on diminue ce danger en augmentant le nombre des cautions. Nous allons étudier les effets spéciaux que produit cette situation particulière.

Lorsqu'il y a plusieurs fidéjusseurs, par exception au droit commun, chacun est tenu pour la totalité de la dette. Le créancier a vraisemblablement entendu, en stipulant l'intervention de plusieurs cautions, assurer d'une manière plus complète la garantie de toute la dette : il faut donc que chaque caution réponde de la totalité. Ces co-cautions ne sont pas pour cela tenues solidairement, mais chacune d'elles est obligée *in solidum*. D'ailleurs l'article 2025 qui vise notre espèce, ne parle ni expressément, ni implicitement de solidarité. Tirons-en cette conséquence : il ne faudra pas appliquer à ces cautions les règles de la solidarité qui découlent de l'idée de mandat réciproque.

La loi admet cependant un tempérament au principe, que chaque cofidéjusseur est tenu pour le tout, et elle autorise chacun d'eux à diviser la dette entre lui et les autres fidéjusseurs qui sont solvables. Si le créancier peut obtenir son paiement en s'adressant à tous, pourquoi exigerait-il d'un seul la dette entière? Que lui importe d'être payé d'une manière ou d'une autre? Il est d'ailleurs à désirer que la garantie soit aussi peu onéreuse que possible pour les cautions.

A quelles conditions peut-on exercer le bénéfice de division?

Il faut d'abord que la dette puisse se partager entre les différents cofidéjusseurs.

Ainsi, deux débiteurs solidaires, Primus et Secundus, ont donné au créancier chacun un fidéjusseur différent, Tertius et Quartus. Ces derniers pourront-ils demander la division entre eux? Non, car l'article 2025 exige qu'ils soient cautions du même débiteur, et non pas seulement de la même dette.

Supposons plusieurs cautions d'un même débiteur : Secundus et Tertius; Tertius n'est engagé qu'à terme ou sous condition. On se demande si son cofidéjusseur pourra invoquer la division avant l'arrivée du terme ou de la condition. Il faut décider, avec Pothier, qu'il le pourra. Seulement, comme le créancier ne peut poursuivre immédiatement Tertius, si, dans l'intervalle, celui-ci devient insolvable, Secundus supportera, par exception à la règle ordinaire, cette insolvabilité, quoiqu'elle soit postérieure aux poursuites.

Si les fidéjusseurs sont intervenus non pas en même temps, mais *ex intervallo*, ils pourraient très-bien réclamer le bénéfice de division, car l'article 2026 n'établit, à ce point de vue, aucune distinction.

Nous pensons, avec Pothier, que l'incapacité d'un fidéjusseur ne doit pas plus compter que son insolvabilité dans la division de la dette.

La deuxième condition exigée par la loi, c'est que le bénéfice de division ne peut être invoqué qu'en tenant compte des cautions solvables. Il faut qu'à elles toutes elles assurent au créancier la garantie complète de sa créance, malgré la division qui s'accomplit.

A quel moment faut-il se placer pour apprécier la solvabilité des cautions? Si nous prenons à la lettre le texte de notre article, nous dirons que c'est au moment où est rendu le jugement qui prononce la division. Mais pourquoi ferait-on cette dérogation injustifiable à la règle générale, que les délais de l'instance ne doivent pas nuire à ceux qui invoquent un droit devant les tribunaux? Nous croyons que l'article est mal rédigé, et qu'il faut dire que l'époque où la solvabilité des fidéjusseurs doit être examinée, est l'époque où la caution a demandé la division.

La troisième condition nécessaire à l'exercice du bénéfice de division, c'est que les cautions n'y aient pas renoncé.

Ordinairement le créancier exige cette renonciation. Sa situation est ainsi moins compliquée, et il ne court pas le danger de l'insolvabilité postérieure aux poursuites.

Si les cautions se sont engagées solidairement, alors aux effets du cautionnement ordinaire se joignent ceux de la solidarité, qui exclut par excellence l'idée de division.

Il semble, qu'aux termes de l'article 2026, le bénéfice de division devrait être opposé *in limine litis*, comme le bénéfice de discussion. Certains auteurs ont cru, en effet, que ce moyen de défense devait être invoqué par la caution comme une exception dilatoire, et ils ont soutenu que le mot « préalablement » dont se sert notre article est synonyme de cette formule que nous trouvons dans l'article 2022 « sur les premières poursuites dirigées contre elle. »

C'est une erreur, car rien, dans la discussion de l'article, n'indique que les rédacteurs du Code aient voulu abandonner l'opinion de Pothier, qui déclare (n° 425) que la caution peut opposer le bénéfice de division tant qu'un jugement ne l'aura pas condamnée à payer le tout. Le créancier ne peut se plaindre, puisqu'ayant reçu plusieurs cautions, il a dû naturellement compter qu'elles ne paieraient qu'une part, chacune, de la dette. L'adverbe « préalablement » ne qualifie pas, du reste, le mot « exiger, » mais le mot « divise. » La loi ne dit pas : « exiger préalablement, » ce qui signifierait que la caution doit exiger d'abord, au préalable ; mais qu'elle peut « exiger que le créancier divise préalablement son action », c'est-à-dire qu'elle peut exiger que le créancier commence à demander à chacun sa part, sauf à revenir contre elle, s'il y a des insolvabilités. Le bénéfice de division peut donc être invoqué en tout état de cause.

Nous avons jusqu'à présent supposé que le bénéfice de division était opposé par la caution au créancier ; l'article 2027 prévoit, au contraire, l'hypothèse où c'est le créancier qui divise lui-même son action, sans en être requis par la caution. La situation de celle-ci est alors excellente et présente cet avantage, que le créancier prend à sa charge les insolvabilités des autres cautions, même quand ces insolvabilités sont antérieures à la division opérée.

Il faudrait, par analogie, décider de même, s'il y avait des cautions incapables.

DE LA CAUTION LÉGALE ET DE LA CAUTION JUDICIAIRE.

La caution légale est celle qui dérive de la loi ; mais la caution judiciaire n'est pas celle qui est obtenue par tout jugement ; c'est celle qui est mise par la loi à la discrétion du juge. L'obligation de la fournir ou non dépend absolument de sa volonté. Si un débiteur obligé à fournir une caution, en vertu d'une convention ou de la loi, s'y refuse, il sera condamné par le juge à exécuter son obligation, et la caution sera conventionnelle ou légale, mais nullement judiciaire.

Les cautions légales ou judiciaires sont, en principe, soumises aux mêmes règles que la caution conventionnelle. Cependant l'article 2041 dit que celui qui ne peut trouver une caution légale ou judiciaire est reçu à donner, à la place, un gage en nantissement suffisant.

Pourquoi cette faculté n'existe-t-elle pas pour les cautions conventionnelles?

La raison en est bien simple. Celui qui s'est obligé à fournir une caution a dû prendre à l'avance les précautions pour en trouver une; au contraire, lorsque la loi ou un jugement impose cette obligation, on est très-excusable de ne pas fournir la caution. On peut manquer d'amis qui consentent à prendre un pareil engagement. Il était tout naturel qu'on permît de donner une autre garantie.

L'article 2042 formule cette règle spéciale aux cautions judiciaires, qu'elles ne peuvent demander la discussion du débiteur principal, parce qu'il est très-dur pour le créancier de voir exécuter un jugement qui sera peut-être réformé. il faut donc que la caution lui donne toutes les garanties possibles.

Enfin, celui qui a simplement cautionné la caution judiciaire, sans se réserver le bénéfice de discussion, ne peut demander la discussion du débiteur principal et de la caution, mais aucun article ne refuse à la caution judiciaire le bénéfice de division.

POSITIONS

DROIT ROMAIN.

I. Les trois formes d'*adpromissio* ne se sont pas produites simultanément; mais leur apparition successive est le résultat du progrès du droit.

II. Lorsqu'un fidéjusseur s'est obligé pour une somme plus forte que le débiteur principal, son obligation est nulle.

III. Le *sponsor* et le *fidepromissor* peuvent, comme le fidéjusseur, intervenir valablement soit avant, soit après l'obligation principale.

IV. La dette d'un fou ne peut être l'objet d'une fidéjussion valable que s'il est démontré qu'elle a été contractée dans un intervalle lucide.

V. Quand, après un premier pacte *de non petendo*, il intervient, entre le créancier et le débiteur principal, un second pacte *ut petatur*, ce second pacte ne peut pas enlever au fidéjusseur le bénéfice du premier.

VI. La solution donnée par Marcien dans la loi 39, § 5, *De usuris*, est un progrès sur la décision ancienne rapportée par Papinien dans la loi 19, *De dolo malo*, et sur celle donnée par Africain. (L. 38, § 4, *De solut.*)

DROIT FRANÇAIS.

DROIT CIVIL.

I. Une dette de jeu ne peut pas être cautionnée.

II. L'obligation entachée d'erreur, de violence ou de dol peut être cautionnée.

III. La personne obligée de donner caution peut la fournir à son domicile.

IV. Lorsqu'une personne s'est portée caution d'une obligation et qu'un tiers détenteur a acquis l'immeuble que le débiteur avait hypothéqué à la dette, ce tiers, s'il vient à payer la dette sur la poursuite du créancier, ne sera pas subrogé contre la caution.

V. Lorsqu'une obligation a été contractée par plusieurs codébiteurs solidaires, et que l'un d'eux a donné une caution, cette caution, après avoir payé, ne pourra recourir contre les codébiteurs qu'elle n'a pas cautionnés que jusqu'à concurrence de leur part.

VI. L'article 2037 est applicable à la caution solidaire.

DROIT CRIMINEL.

I. La circonstance aggravante personnelle à l'auteur du crime est également aggravante pour le complice.

II. Le fils, complice du meurtre de son père, n'est pas punissable comme parricide.

DROIT DES GENS.

I. Les étrangers jouissent en France de tous les droits

civils qui ne leur sont pas expressément refusés par la loi française.

II. Pour décider si les jugements, rendus à l'étranger, emportent ou non hypothèque en France, sans révision au fond, de la part d'un tribunal français, il faut distinguer entre qui, en faveur de qui et contre qui le jugement a été rendu.

HISTOIRE DU DROIT.

I. Le colonat a sa source dans l'usage qu'eurent les Romains d'attacher les prisonniers de guerre à la culture de la terre.

II. La maxime coutumière : « *Institution d'héritier n'a lieu* » n'est pas d'origine gauloise ; elle est la formule d'une institution germanique.

Vu par le Président de la Thèse,
COLMET DE SANTERRE.

Vu par le Doyen de la Faculté,
G. COLMET DAAGE.

Vu et permis d'imprimer,
Le Vice-Recteur de l'Académie de Paris,
A. MOURIER.

Paris. A. PARENT, imprimeur de la Faculté de Médecine, rue M-le-Prince, 31.

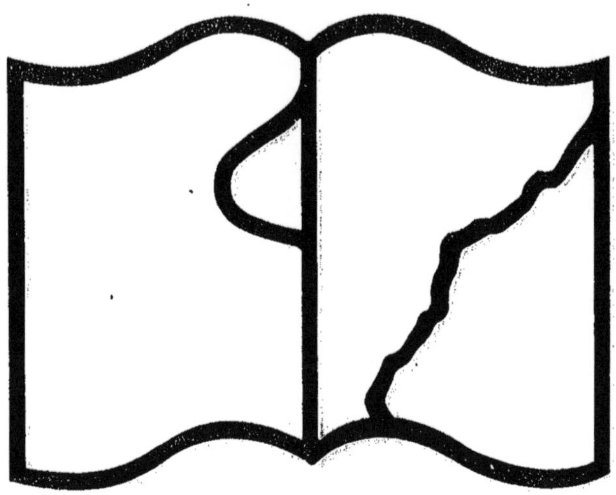

Texte détérioré — reliure défectueuse

NF Z 43-120-11

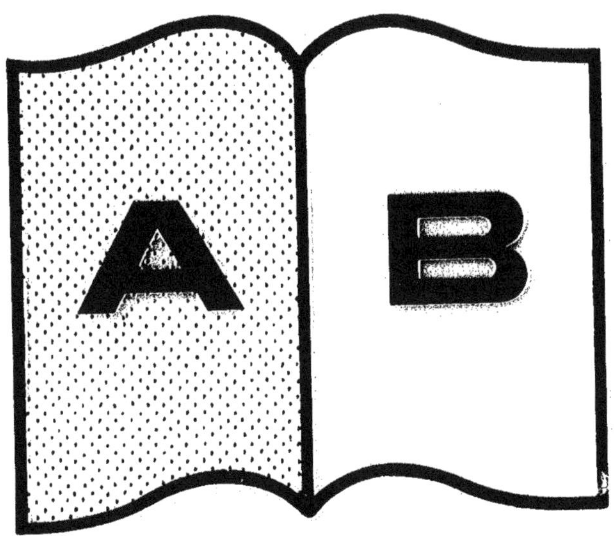
A
B

www.ingramcontent.com/pod-product-compliance
Ingram Content Group UK Ltd.
Pitfield, Milton Keynes, MK11 3LW, UK
UKHW012050240726
13965UKWH00003B/1181

9 782013 545679